지역관리기업, 사회관계를 엮다

지역관리기업 설립과 운영을 위한 실천 안내서

지역관리기업 설립과 운영을 위한

실 천 안 내 서

지역관리기업,

사회관계를 엮다

마르끄 하쯔펠트 지음 · 김신양, 엄형식 옮김

COOPERATIVE
착한책가게

차례

1 지역관리기업 활동 개요 · 17

프랑스에서 시작된 지역관리기업Régie de Quartier은 지역을 구성하는 모든 주체들에게 역할을 부여하여 관리한다는 취지로 만들어졌다. 'Régie'라는 용어는 원래 연극에서 사용되는 것으로, 연극 무대를 총감독한다는 뜻이다. 이처럼 지역관리기업은 마을이라는 무대에서 그 안에 사는 사람들이 각자 역할을 맡아 협동해서 마을을 운영하는 것을 목적으로 만들어진 것이다. 그러면 지역관리기업을 처음 만든 사람들은 왜 이런 것이 필요하다고 생각했을까?

지역관리기업이 처음 설립된 것은 1980년이지만 그 기원을 따져 거슬러 올라가면 자신이 사는 마을에서의 삶을 지키고자 한 마을 주민들의 투쟁이 있다. 정부에 의해 이루어지는 개발이 대부분 토지 소유자들과 금융 조직, 그리고 정치권들의 이해만 대변하고 주민들은 배제되었기 때문이다.

그래서 개발의 결과 주민들은 삶의 터전에서 내몰리게 되었고 오랫동안 쌓여온 사람들 간의 연대적 관계가 파괴되었고, 주민들의 생활세계와 소중한 일상이 무너지게 된 것이다. 하지만 북부의 작은 도시 후베Roubaix의 알마갸르Alma-Gare 주민들은 내몰리지 않기 위하여, 아니 더 적극적으로 참여하여 주민들을 위한, 주민들에 의한 개발이 되도록 하기 위해 모였다. 그리고 그 저항과 참여의 주민공동체는 지치지 않고 지속해서 더욱 똘똘 뭉치기 위해 그들의 공동 근거지인 '도시민중작업장'을 만들었다. 이 작업장은 다른 방식의 개발을 토론하는 공론의 장, 서로를 보살피는 돌봄의 공간, 함께 살 방안을 마련하는 협동의 공간이 되었다. 한 작은 마을에서 시도한 용기 있는 주민들의 실천은 반향을 불러일으켰고, 지역의 단체와 연구자들까지 결합하여 마침내 지역관리기업이라는 새로운 조직이 탄생하게 된 것이다.

지역관리기업의 설립 배경과 역사를 보면 과거 우리의 현실과 가까이 닿아 있음을 알 수 있다. 1980년대 철거에 반대해서 투쟁한 도시빈민운동, 그리고 그 빈민밀집지역에 살면서 노점상을 하며 생활을 꾸려가던 이들이 노점상까지 철거한다는 정책이 시행되자 온몸에 쇠사슬을 묶고 저항한 사례, 그리고 그 지역에서 주민들의 자활과 자립을 위하여 시작된 노동자협동조합 설립과 생산공동체 운동 등.

어디 과거뿐이랴. 지금도 투기꾼들이 판치는 개발로 인해 원

주민들이 삶의 터전을 잃고 내몰릴 수밖에 없는 상황, 도시 재개발 사업이나 재생사업이라도 하게 되면 임대료가 올라 마을을 손수 살 만한 곳으로 만든 주민들이 오히려 떠나야 하는 것이 지금을 사는 우리의 현실이다. 도대체 여기에 어디 주민 주체가 있고, 주민의 참여가 있을까?

사회관계라는 것은 같은 공간에서 함께 시간을 보내야 만들어지는 것이다. 한 사회가 제대로 통합되려면, 사람들이 서로 믿고 살 수 있는 사회가 되려면 단지 주인과 세든 사람, 사장과 직원과 같은 계약 관계만으로는 충분하지 않다. 필요할 때 서로 도움을 주고받을 수 있으며 있을 때 도와주고 없을 때는 도움도 받는 관계, 그렇게 미운 정 고운 정이 얽히고설켜 *끈끈한* 정이 만들어지는 관계가 되어야 사회통합을 이룰 수 있다. 그러자면 한 공간에서 함께 시간을 보낼 수 있어야 하고, 오가며 부대끼는 일이 많아야 한다. 사고 파는 계약 관계만으로는, 부유하는 이방인들만으로는 마을도, 사회도 지속될 수 없다.

모두가 떠나기를 바라는 곳에서는 관계가 만들어질 수 없다. 독거노인들이 아무도 모르게 혼자 생을 마감하는 일이 많아질 것이고, 밥을 굶는 아이나 학대받는 아이에게 누구도 관심을 갖지 않을 것이다. 곧 떠나야 할 곳이라면 아무도 화단을 가꾸지 않을 것이고 나무를 심지 않을 것이다. 마을에 위험한 시설이 있거나 어두운 밤 추행을 당하는 여성이 있어도 나 몰라라 할 것이다.

지역관리기업, 사회관계를 엮다

그래서 이 책의 제목처럼 '사회관계를 엮다'는 우리 사회의 커다란 명제가 된다. 경제 개발도 필요하지만 그 개발의 혜택을 누리는 이들은 그곳에 사는 사람들이어야 하며, 그 개발의 궁극적인 목적은 사람들이 서로 주고받고 서로 돌보는 협동의 관계를 만드는 것이어야 한다.

그래서 지역관리기업에 주목한 것이다. 살고 싶지 않은 곳, 살만한 곳이 아니라고 여겨지는 곳에서 시작하여 그곳을 살 만한 곳, 살고 싶은 곳으로 만드는 결사체이기 때문이다. 살기 바빠 이웃을 외면하고 마침내 자신들의 삶까지 방기하게 된 지역에서 시작하여, 사회관계를 만들고 주민 관계를 강화하는 일자리를 만들고, 주민과 지자체와 지역의 공공기관(사회주택)이 협동하여 마을을 관리하는 협동경제를 만들고, 그리하여 마침내 주민들이 주체가 되는 연대적인 지역개발의 길을 만들어나가기 때문이다. 하지만 그 무엇보다도 주민들이 가진 지혜를 믿고 실천을 해나가는 그들이 참 보기 좋기 때문이다.

이 책은 지역관리기업의 역사와 함께한 사회학자가 지역관리기업을 만들고자 하는 사람들을 위해 쓴 안내서이다. 하지만 단순한 설립 매뉴얼이 아니라, 그동안 지역관리기업이 축적한 노하우를 담은 종합적인 설계도이자 미래의 비전을 담은 정책서이기도 하다. 그래서 우리의 현실과는 다르지만 간접적으로나마 처음부터 끝까지를 그려보는 경험을 한다면 그 자체로 좋은 학습이 될 수 있을 것이라 생각된다.

　같은 것을 만들자는 제안이 아니다. 이 책을 계기로 우리 사회에서 주거복지, 마을만들기, 마을기업, 도시재생 등 다양한 정책과 실천으로 추진되어온 것들을 돌아보고 점검해 보는 자리를 마련했으면 좋겠다. 우리는 주민들이 주체가 되는 마을을 구상하고 사회관계를 엮기 위한 활동을 하고 있는지, 진정 주민들의 참여 자체가 목적이라고 생각하는지…. 그렇게 같이 걸어갈 길의 방향을 정하고, 관점을 잡고, 공동의 원칙을 정하는 데 도움이 되었으면 하는 바람이다.

　삶의 가장 가까운 곳에서 가장 숭고한 일이 이루어질지 누가 알겠는가!

옮긴이를 대표하여
김신양 씀

| 지역관리기업의 조직 현황 |

2015년에 프랑스 지역관리기업 전국네트워크Comité National de Liaison des Régies de Quartier, CNLRQ에서 발간한 보고서에 따르면, 프랑스에는 125개의 마을 단위 지역관리기업과 14개의 광역 단위 지역관리기업이 있으며, 14개가 설립 준비 중이다. 이들 기업에서는 매년 총 9,000여 명의 노동자를 고용하고 있다. 지역관리기업의 운영에는 2,500명의 자원봉사자가 참여하고 있으며, 이들은 320개 마을에서 300만 명의 주민을 대상으로 활동하고 있다.

　주요 경제활동은 지자체나 공기업과 진행하는 공공사업이며, 전체 800여 건의 계약 중 절반이 수의계약으로 이루어진다. 지역관리기업 한 곳당 연간 예산은 평균 131만 9,000유로이고, 총 매출은 73만 2,000유로, 보조금은 52만 9,000유로로, 자체 재정 조달 비율은 평균 60% 정도다.

| 지역관리기업의 탄생 |

1960년대 말 프랑스 북부 지방 후베시 알마갸르 마을에서는 정부의 일방적인 도시정비사업에 대항하여 마을 본연의 모습을 보존하고 주민의 삶을 지키기 위해 단체를 조직했다.

그들은 "주민을 배제하고 토지 소유자들과 금융, 정치적 이해만을 고려한 정부의 도시개발계획에 저항했다. 이러한 개발은 북부 지방의 '작은 뜰'이라고 불리는 생활환경과 마을 주민의 삶 사이의 연대적 관계를 파괴하는 것이었다."

마을 재정비 사업에 적극적으로 참여하기로 마음먹은 노동자들과 기독교 활동가들은 사회학자, 건축가, 도시 계획가들의 도움을 받아 1974년에 '도시민중작업장(아뜰리에)'을 만들었다. 이 작업장은 하나의 공론장이 되어 마을 주민을 모으고, 그들의 요구를 전달하며 저항할 수 있는 공간이 되었다. 나아가 주민들이 자신의 거처에서 계속 살 수 있고, 원하는 이들에게는 새로운 거처를 마련해줄 수 있는 대안적인 주거 정비 계획에 대해 의견을 교환할 수 있는 공간이 되었다.

이러한 도시정비사업이 진행되는 가운데 주거 및 공공 영역 관리, 주민의 자활지원 문제가 제기되었다. 지역의 민간단체와 주민들은 이 문제들을 붙들고 고민하다가 1980년에 최초의 지역관리기업을 만들었다.

지역관리기업, 사회관계를 엮다

지역관리기업은 "마을의 공공 영역을 공동관리하는 실천을 제도화하면서 점차 매개자의 기능을 담당하게 되었다. 그것은 바로 주민, 지자체 의원, 사회주택 사업자 등 세 주체 간의 공동 활동을 조직하는 것이었다." 이러한 실천의 원칙이 지역관리기업을 전파하는 주요 개념으로 작용하여 1985년에는 모Meaux와 마르세이유Marseille에서 두 개의 새로운 지역관리기업이 탄생하게 되었다.

| 지역관리기업 네트워크의 발자취 |

1988 : 지역관리기업 전국네트워크 결성

1991 : 지역관리기업 헌장 제정 및 상표 등록, 오를레앙에서 첫 번째 전국 지역관리기업 행사 개최, 프랑스 전역에서 4,500명의 주민 참여

1993 : 지역관리기업 매니페스토 제정

1995 : 지역관리기업 고용주 조합 설립

1998 : '사회적 배제 극복'을 위한 새로운 법loi contre l'exclusion을 통해 지역관리기업이 제도적으로 인정됨

2002 : 프랑스 농촌 지역에서 최초의 광역 지역관리기업 가능성 실험

2006, 2008 : 2005년 10월부터 11월 사이에 프랑스 파리 교

외에서 일어난 대규모 폭동 이후 빈민 지역 주민을 범
죄자 취급하고 교화하려는 담론을 고발하기 위해 '모이
자! 지역관리기업' 사업 추진
2010 : 마을 및 광역 지역관리기업 전국 모임을 개최하여
2005년 11월 폭동 이후 제기된 여러 가지 문제와 해결
방법을 50개의 정책 제안서로 완성
2012 : 지역관리기업 및 지역개발 주체를 위한 훈련 조직 '빠
사쥬passag/e/s(통로 또는 거쳐 가는 길목이라는 뜻)' 설립

| 프랑스의 행정에 대한 이해 |

프랑스의 행정구역은 세 단계로 나뉘어 있다. 기초 단위는 시
단위의 35,357개 코뮌commune, 중간 단위는 101개의 도départ-
ment, 광역 단위는 18개의 지방région이다. 예컨대 파리Paris시가
있는 수도권은 일드프랑스Ile-de-France 지방이고, 이것은 다시
8개의 도로 나뉘어 있으며, 파리는 그 8개의 도 중 하나에 포함된
코뮌이자 동시에 도에 해당한다.

본문에 나오는 지역노동고용직업훈련국DDTEFP은 도 단위에
소재한 노동부의 지역 단위 서비스 기관이다.

지역관리기업, 사회관계를 엮다

1
...

지역관리기업 활동 개요

지역관리기업의 역사는 어떻게 될까?
지역관리기업은 어떠한 가치를 기반으로 하고,
그들의 헌장과 선언문에는 이러한 역사가 어떻게 반영되어 있을까?
연대 경제, 사회통합, 시민권, 도시 관리와 같은
지역관리기업의 활동 영역은 어떻게 운영되고 있을까?

| 지역관리기업의 역사와 기원 |

지역관리기업은 정치, 경제, 도시, 결사체, 노동조합 등 다양한
사회 흐름 속에서 태동했다. 여기에 자유주의, 협동조합, 직접민
주주의, 파리코뮌, 1901년 결사체법, 서민임대주택 운동 등 여러
가지를 추가할 수 있을 것이다. 하지만 여기서는 가장 가까운 역
사부터 살펴볼 생각이다. 그래야 지역관리기업이 무엇인지 가장
잘 이해할 수 있기 때문이다.

지역관리기업이라는 용어는 1980년대에 탄생했다. 최초의

지역관리기업은 후베시 알마갸르 마을에서 시작되었다. 이 마을의 경험을 바탕으로 지역관리기업이라는 이름이 만들어졌으며, 그 경험이 아직도 지역관리기업의 핵심을 이루고 있다.

이러한 경험의 중심에는 지역 운동이 자리 잡고 있다. 그것은 다름 아닌 지역 주민의 삶을 고려한 도시 운동이다. 바로 이 지역 운동과 이로부터 형성된 의식이 지역관리기업의 출현에 결정적인 역할을 했다. 출발점은 도심 재정비 및 비위생 구역 해소 프로젝트였다. 지역 주민 중 일부는 생활환경노동조합총연맹CSCV을 조직했고, 외부 활동가의 도움을 받은 주민들은 살고 있던 지역에서 다시 주거지를 구하거나, 더 나은 조건의 주거지를 얻기 위해 단체를 조직했다. 이러한 투쟁 경험을 통해 주민들은 그들에게 도시란 무엇이며, 그곳에서 무엇을 요구해야 하며, 도시 운영에 어떻게 참여할 것인지 성찰하기 위해 조직되어야 한다는 사실을 깨달았다.

알마갸르 마을에서는 지역 주민에 이어 또 다른 주체들이 등장했다. 창의적이고 역량 있는 도시민중작업장은 주민들의 말이 더 정교한 언어로 다듬어질 수 있는 공간이 되었다. 지역 주체들은 매우 어려운 조건 속에서도 대화를 이끌어나갔다. 국토 개발 전문가들은 처음에는 협력하는 척하면서 버티기 시작했다. 국가는 심판관 역할을 했다. 이러한 과정에서 일부 주민들은 그들 스스로 지역을 관리할 수 있는 능력이 있다는 생각을 갖기 시작했다. 결국 이 모든 사람과 기관들이 독창적인 시스템을 만들기 위해 함께 고민하게 되었고, 그 아이디어는 점차 현실이 되어갔다.

　개요만 간단히 언급했지만 이러한 역사를 살펴봄으로써 최초의 지역관리기업의 구성원이 현재의 지역관리기업의 구성원이 되었음을 알 수 있다. 지역의 정치 및 행정 책임자, 국토 개발 전문가 혹은 건설 회사, 지역 주민, 그리고 몇몇 추동자들···. 이 책은 이러한 의미에서 지역관리기업의 프로젝트 또는 아이디어에 대해 이야기하고자 한다.

　지역관리기업Régie de Quartier이라는 용어에서 '관리Régie'라는 표현은 이 운동의 성격을 잘 나타낸다. '관리'라는 말은 두 가지 의미가 있는데, 하나는 원래 극장에서 조명과 음향을 관리하는 데서 영감을 받은 표현이다. 또 하나는 도시의 관리와 유지를 위해 고용인들을 조정하는 지자체 관리 업무에서 따온 표현이다. 이 표현이 다소 애매하기도 하고 단지 명칭만 가져온 것처럼 보이기도 하지만, 원래 표현이 담고 있는 의미는 오늘날의 지역관리기업에도 그대로 남아있다.

　이후 알마갸르 마을의 경험을 바탕으로 두 곳의 지역관리기업이 새로 만들어졌다. 미셸 앙셀므Michel Anselme와 다니엘 드바흐Daniel Debar라는 연구자들에 의해 추진되었으며, 각각 마르세이유와 모 지역에 세워졌다. 이후 프랑스 전역에서 지역관리기업이 만들어지면서 지역관리기업 운동의 모양새와 규모가 갖추어지기 시작했다. 그리고 이제 이들을 어떻게 조직할 것인가 하는 문제가 제기되었다. 이에 따라 네트워크의 구성과 강화가 이루어졌고, 최초의 지역관리기업 안내서를 비롯하여 향후 지역관리기업의 토대가 되는 문서가 만들어졌다.

| 토대가 되는 문서 |

지역관리기업은 결사체association 조직 중에서도 독창성을 띤다. 일단 지역관리기업이라는 명칭은 상표 등록이 되어 있어 아무 단체나 마음대로 사용할 수 없다. 어떤 상품에 아무 브랜드 상표나 붙일 수 없는 것과 마찬가지다. 또 고품질의 포도주 상표가 함부로 도용되지 못하도록 통제 및 관리되는 것처럼 개별 지역관리기업도 비슷하게 통제 및 관리된다. 그래서 라벨을 부여받은 지역관리기업의 이름은 대문자로 표기된다.

지역관리기업의 상표는 프랑스 특허청INPI에 등록되어 있고, 소유권자는 지역관리기업 전국네트워크Comité National de Liaison des Régies de Quartier, CNLRQ다. 지역관리기업 전국네트워크는 지역관리기업 운영을 원하는 단체에 라벨을 부여할 수도 있고 거절할 수도 있다. 여기서 하나 밝히고 넘어갈 것이 있다. 지역관리기업 전국네트워크는 개별 지역관리기업의 연합체federation도 아니고, 그들의 상위 조직도 아니다. 지역관리기업 전국네트워크는 개별 지역관리기업에 다양한 서비스를 제공하기 위해 만든 단체로서 이들 사이에 네트워크를 만드는 역할을 한다. 이것은 그들이 꿈꾸는 가치와 생각을 현실로 만드는 공동의 실천이기도 하다. 지역관리기업 운동은 그들의 이름이 이러한 의미를 담고 있다는 것을 알리는 데 주력해왔다. 그래서 그들은 지역관리기업을 준비하는 이들에게 이러한 토대가 되는 문서에 동의할 때 지역관리기업의 명칭 사용권을 요청하라고 강조한다.

지역관리기업의 토대가 되는 문서는 크게 두 가지다. 하나는 1991년에 제정된 '지역관리기업 헌장'으로 지역관리기업의 운영 원칙이 담겨있다. 다른 하나는 1933년에 작성된 '지역관리기업 매니페스토'로, 지역관리기업의 주체들이 동의하는 가치들이 담겨있다. 둘은 서로 대응하며 상호 보완한다. 이것은 지켜야 할 법이 아니라 추구해야 할 원칙이다. 그래서 헌장이나 매니페스토를 지키지 않는다고 명칭 사용권을 환수하는 경우는 매우 드물다. 중요한 것은 이러한 원칙을 지키려는 의지이기 때문이다.

이러한 문서들은 고정불변한 것도 아니다. 그 또한 특정 시기에 지역관리기업의 생각을 반영한 것이기 때문이다. 상황과 조직의 변화에 따라 생각은 바뀔 수 있고, 따라서 어떤 결정적인 전환의 시기가 오면 이러한 문서들도 수정될 수 있다. 이것은 모두가 함께하기 위한 중심축이지 누군가를 밀어내기 위한 장치가 아니며, 조직의 성찰을 위한 수단이다. 그러므로 각각의 주체나 조직은 헌장이나 매니페스토를 원하는 방식에 따라 적극적으로 활용하면 되는 것이다. 사람들은 이렇게 말하곤 한다. "이건 지역관리기업의 운영 규칙들이고, 이건 우리가 믿는 가치들이에요. 여기에 동참하고 싶다면 우리가 참여하는 것처럼 여러분도 참여하세요. 그러면 여러분도 지역관리기업을 운영하게 될 거예요".

이외에도 정기적으로 새로운 문서들이 추가되고 있다. 예컨대 '협약 기본 틀'은 지역관리기업 내 노사 관계와 관련된 단체협약에 활용된다. '지역관리기업 업종표'는 지역관리기업의 내부와 외부 파트너들에게 제공되는 직업 표준 표이다.

| 지역관리기업의 개념 |

지역관리기업의 토대가 되는 문서를 소개했으니 이제 그것의 상대적인 가치와 의미에 대해 알아보겠다. 우선 중요한 것은 이러한 문서가 지역관리기업을 만드는 것이 아니라 지역관리기업이 그들의 토대가 되는 문서를 만든다는 점이다. 이게 무슨 말인가 하면, 비록 이러한 문서가 지역관리기업의 규범 및 신조를 표현하기는 하지만, 사람들이 저마다의 실천적인 지혜를 통해 해석할 수 있는 자유가 있다는 것이다. 지역관리기업의 주체들은 매일의 활동 속에서 그들이 만들어 낸 문서와 생생한 대화를 하고, 이러한 문서에 대해서도 서로 간에 대화를 나눈다. 대화의 주제는 이것이다. 도대체 지역관리기업이란 무엇인가?

이 질문에 대한 답은 어떤 입장에 서 있느냐에 따라 달라질 것이다. 누군가는 도시 운영을 위한 도구라고 대답할 것이다. 다른 이들은 자활지원이 지역관리기업의 더 중요한 측면이라 말할 것이다. 또 다른 이들은 결사체로서의 성격과 지역관리기업의 민주적 운영 능력을 강조할 것이다. 누군가에게는 지역적 성격이 중요하고, 또 누군가에게는 기업으로서의 성격이 중요하고, 또 다른 누군가에게는 정치적 역할이 중요할 것이다. 사실 이들의 말이 모두 옳다. 왜냐하면 지역관리기업의 개념은 유연하고 모든 이에게 열려있기 때문이다.

세월이 흐르면 모든 게 퇴색하게 마련이지만 지역관리기업의 개념은 상대적으로 일정한 흐름을 유지해왔다. 몇 년 전까지만 해도 지역관리기업이라는 개념은 인상파의 그림처럼 감각적으로 다가온 측면이 있다. 하지만 지금은 그 의미를 보다 분명하게 규명할 수 있을 것 같다.

첫 번째, 지역관리기업 운동은 민중운동이다. 이것이 가장 기본이 되는 틀이다. 하지만 민중운동이라는 것이 이전 세대의 민중운동처럼 민중교육이나 민중 정치운동만을 뜻하는 것은 아니다. 두 번째, 지역관리기업은 권력에 대항하여 직접 문제를 제기하지는 않지만, 활동에 참여하는 사람들에게 경제적이고 사회적인 책임감과 더불어 정치적인 책임감을 요구할 때가 종종 있다. 세 번째, 지역관리기업은 결사체 조직으로서의 성격을 갖는다. 이러한 세 가지 측면을 종합해보면 지역관리기업은 책임감 있는 민중의 결사체로 정의 내릴 수 있다. 이들은 경제 영역에서만 활동하지 않고 사회적이고 연대적인 영역에서도 활동한다. 기업으로서 지역관리기업을 가장 잘 아우르는 표현은 인간관계의 향상을 꾀하는 '연대'일 것이다.

| 자활에서 연대적 개발로 |

'경제활동을 통한 사회통합(자활)'*은 고용 위기 시기에 생겨난 실천으로, 노동을 통한 자활지원 또는 노동통합 프로그램이라는 표현이 더 적합할 것이다. 이 제도는 사람들이 실업 상태에 오래 있을수록 다시 일하기 어려워진다는 현실에 대한 자각에서 비롯되었다. 일자리를 얻지 못함으로써 또 다른 어려움이 생기기 때문이다. 일반적으로 실업자가 되면 정상적인 사회생활에서 멀어지게 되고 가족, 건강, 주거, 이웃과의 관계 등에서 문제가 생

• • •
* '경제활동을 통한 사회통합'은 프랑스의 자활지원 제도의 공식 명칭이다.

겨난다. 이러한 어려움에 부닥친 이들을 돕는 방법의 하나가 그들이 다시 일할 수 있도록 동반지원하는 것이다.

현재 프랑스에서는 이를 위해 많은 단체가 활동하고 있다. 때로는 일반 기업들이 자활지원을 위해 노력하기도 한다. 자활기업entreprise d'insertion, EI, 인력파견단체association intermédiaire, AI, 임시직 자활기업entreprise d'intérim d'insertion, ETTI처럼 전문적으로 자활지원을 하는 기업들도 있다. 기업들의 소규모 연합체인 자활지원을 위한 고용주그룹GEIQ*은 이를 위해 서로 자원을 공유하기도 한다. 이처럼 다양한 조직에서 자활지원 운동에 참여하고 있지만, 아직도 많은 지원이 필요한 실정이다.

지역관리기업 또한 자활지원에 이바지하고 있다. 지역관리기업의 임무 중 하나가 바로 일하는 습관을 잃어버린 사람들을 동반지원하여 다시 일하도록 하는 것이다. 이를 위해 지역관리기업은 일시적 또는 장기적 실업 상태에 있는 마을 사람들을 고용한다. 이 임무는 상당히 어려운 것이어서 지역관리기업은 그들이 자기가 하는 일의 의미를 이해하게 하고, 다른 노동자와 협력

• • •

* '자활지원을 위한 고용주그룹(GEIQ)'은 무자격 청년 실업자, 장기 실업자, 자활 급여 수급자, 장애인 등의 노동시장 진입 및 자격증 취득을 지원하기 위해 고용주들이 만든 조직이다. 자활지원을 위한 고용주그룹은 지원 대상자들을 직접 고용하여 가입한 기업 중 한 곳으로 보낸 뒤에 6~24개월간 자활을 지원한다. 이 기간이 끝난 후 지원 대상자들은 정규직으로 고용되기도 한다. 2015년 기준, 프랑스 전역에는 150개의 자활지원을 위한 고용주그룹이 있으며 2014년 한 해 동안 600여 개의 근로계약을 체결했고, 그중 70%가 지속적인 일자리를 얻었으며 80%는 근로계약 종료 후 전문 자격증을 취득했다. − 옮긴이 주

하며, 일의 과정을 준수하고, 자신의 업무를 보고하게 하는 등 동반지원 과정에 필요한 다양한 방법론과 수단을 마련했다. 가끔은 한 걸음 더 들어가야 할 때도 있다. 알코올이나 다른 약물에 의존증을 가진 사람에게는 일을 계속할 수 있도록 중독 치료를 권하기도 한다. 너무 굼뜬 사람에게는 효율적으로 일하는 법을 가르친다. 어떤 사람은 아침에 일찍 일어나고, 약속 시간을 지키며, 동료에게 인사하고, 맡은 일에 책임감을 느끼게 하는 훈련을 하기도 한다. 이러한 과정은 다양한 집중 지도와 훈련 프로그램을 통해 이루어진다.

어떤 지역관리기업들은 자활지원 사업을 더 효율적이고 깊이 있게 진행하기 위해 따로 자활지원 담당 부서를 두기도 한다. 그리하여 지역노동고용직업훈련국과 협상하여 자활 일자리를 따내기도 한다. 이렇게 되면 지역관리기업이 지원하는 일자리에 재정 지원을 받을 수 있다는 장점이 있다. 하지만 지역관리기업은 자활 일자리의 재정 지원 외에 자활지원과 관련된 어떠한 지원도 받지 않는다.

이러한 관점에서 보면 자활지원은 지역관리기업 활동의 여러 업무 중 하나라 할 수 있다. 그러므로 지역관리기업을 만들고자 하는 이들은 이러한 활동 형태가 자기들에게 맞는지 확인해야 한다. 지역관리기업은 자활지원 외에도 다른 활동을 많이 하므로 만약 자활지원을 전문으로 하려면 위에 언급한 자활기업, 인력파견단체, 임시직 자활기업 등이 더 적합할 것이다.

오랫동안 자활지원 조직의 방법론을 '(운하의) 갑문'에 비유해 왔다. 이 비유에 따르면 자활지원 조직은 두 세계 사이의 매개 장소로서 자활지원 사업의 참여자들이 자신을 일으켜 세우기 위한 곳이다. 이들이 재기에 성공하게 되면 지역관리기업의 울타리를 떠나 일반 기업에서 일하게 될 것이다.

이 자리에서 갑문의 은유로 표현되는 방법론이 적절한지 아닌지 논쟁을 벌이지는 않을 것이다. 분명한 것은 자활지원 조직에서 배출된 사람들이 안정되고, 지속적이며, 사회보장을 받는 일자리를 다시 구할 수 있을 것이라는 기대가 점점 무모한 일이 되어가고 있다는 사실이다. 고용 위기는 계속해서 장기 실업자를 만들어내고 있으며, 다른 한쪽에서는 매우 취약한 일자리만 생겨나고 있다. 이러한 상황에 부닥친 사람들은 개인의 문제든, 선택의 문제든, 문화적인 적응의 문제 혹은 도덕의 문제든 어찌되었든 간에 일반 노동시장으로 재진입하기가 점점 더 어려워지고 있다.

그래서 일부 자활지원 기업이나 결사체들은, 아무나 접근할 수 없고 저임금에 때로는 그것조차도 구하기 힘든 일자리 때문에 골머리를 앓기보다는 새롭고 독창적인 형태의 경제활동을 만들어 정착시켰다. 이것은 고용의 위기와 세계의 상품화로 인한 파괴, 사회계층 간의 불평등으로 인해 사라져가는 연대의 가치에 기반하고 있다. 이러한 노력은 위에서 언급한 자활지원 기업이나 결사체들의 형태로 드러나기도 하지만, 상담이나 자본 구성 및 경영, 지역개발 컨설팅 등 다양한 형태로 이루어진다. 이러한 새로운 흐름은 연대 경제, 운동, 역동성 등으로 불리며 질적 모델의 형태로 도약하고 있다. 연대 경제 또는 연대적 개발 경제라고도 불리는 네트워크가 이미 전 세계적으로 비판받고 있는 신자유주의적 시장경제를 견제하며 대안을 제시하고 있다. 이 네트워크에는 지역관리기업을 비롯하여 자활지원 조직들(자활기업, 인력파견단체, 임시직 자활기업), 레츠LETS, 공동육아 조직뿐 아니라 금융거래 과세 및 시민 행동 결사체ATTAC*와 농민 총 연맹 등 여러 단체가 참여하고 있다.

연대 경제는 사회적 유용성을 추구한다. 여기서 사회적 유용성이라는 개념은 답이 정해져 있지 않으며, 우리로 하여금 무엇이 사회적 유용성인지 끊임없이 질문하게 하는 역할을 한다. 이러한 과정을 통해 연대 경제는 사람과 경제 사이의 관계를 바꾸고, 경제란 사람을 위해 존재하는 것이지 사람이 경제를 위해 존재하는 것이 아님을 새롭게 규정한다.

· · ·

* 금융거래 과세 및 시민행동 결사체는 1998년에 설립된 대안 세계화 운동 단체로서 전 세계 38개국에서 활동하고 있다.

| 지역관리기업의 사회적 기능 |

지역관리기업의 사회적 기능은 잘 드러나지 않는다. 어쩌면 지역관리기업의 사회적 기능은 조절의 역할이라 할 수 있다. 어떤 이들은 지역관리기업이 '일상의 시민 관계'를 만들어낸다고도 한다. 지역관리기업은 그들을 둘러싼 사회 환경을 다양한 방식으로 조절한다.

우선 지역관리기업은 지역살이의 규칙을 만들어 전파한다. 먼저 조직 내에서 규칙을 지키고, 그다음에는 함께하는 주민들에게 전파하고, 마지막으로는 다른 지역에 전파한다. 예컨대 지역관리기업은 지역 주민과 사회주택 사업자 사이의 관계 설정에 규칙을 도입하고, 이러한 규칙을 전파하여 서로가 공통의 토대에 기초하여 관계를 맺을 수 있도록 한다.

그다음으로 지역관리기업은 이른바 지역의 '물길'을 조절하는 역할을 한다. 흐름을 일정하게 유지하도록 하고, 사회적 분쟁을 다스리고, 사회적 갈등을 가라앉히는 역할을 한다. 일종의 중재자 역할이다. 분쟁 당사자들이 표면적으로는 서로 이해를 달리하고 화해할 수 없는 것처럼 보일지 모르지만, 대부분 대화를 통해 서로 충분히 이해하고 존중하며 협력할 수 있다. 그래서 분쟁이 생기면 사람들은 지역관리기업을 소환하곤 한다. 이때 분쟁 사유가 지역관리기업이 담당할 수 있는 분야라고 판단되면,

지역관리기업은 분쟁 당사자들이 서로 마주 보게 한다. 그리고 서로 공통의 이해가 있는 부분을 찾아 대화를 나누게 한다.

마지막으로 지역관리기업은 이러한 조절 기능을 통해 다양한 중재 서비스를 제공한다. 야간 중재인, 청년 중재인, 길거리 중재인, 성인 중재자, 대서 및 문서 해독자 등 이와 관련된 활동은 매우 다양하다.

| 도시 관리 |

지역관리기업의 일은 무엇보다도 도시를 가꾸고 관리하는 것이다. 일반적으로 도시나 마을이 잘 관리되는 곳에는 지역관리기업이 없고, 만들 이유도 없다. 지역관리기업이 설립되는 곳은 대개 도시 관리가 잘 안 되거나 눈에 띄게 안 되는 곳이다. 따라서 지역관리기업의 첫 번째 개입 지점은 마을을 청소하고, 유지·보존하고, 아름답게 가꾸는 서비스를 제공하는 것이다. 하지만 이게 다가 아니다. 왜냐하면 지역관리기업은 지금까지 없던 새로운 방식으로 일을 진행하기 때문이다. 바로 주민을 참여시키는 것이다. 이를 통해 이들의 도시 관리 기술은 더욱 빛나고 가치 있는 것이 된다.

주민 참여는 단순히 지역관리기업이 제공하는 서비스에 따라

붙는 혜택이 아니다. 주민 참여 자체가 지역관리기업이 제공하는 서비스다. 기업의 언어로 말하자면 이를 경영 비법이라 부를 수 있을 것이다. 하지만 지역관리기업에 있어 주민 참여는 경영의 차별성을 넘어 그 자체로 궁극적인 목적이라 할 수 있다.

도시 관리는 지역관리기업 활동의 중심이 되어야 한다. 그래야 이후에 다양한 활동을 펼칠 수 있다. 지역관리기업도 여느 기업들처럼 여러 가지 서비스를 개발할 수 있겠지만, 도시 관리는 지역관리기업의 정체성이며, 이것을 전문적으로 해냈을 때야 순전히 기술적인 측면에서의 경쟁력도 갖출 수 있다.

| 사회적 통합, 직업적 통합, 정치적 통합 |

사회관계망이 느슨해지고 급기야 갈가리 찢어지는 요즘, 지역관리기업은 지역의 정치인들에게 이러한 관계망을 복원할 방법을 제안한다. 지역관리기업은 인내와 끈기를 갖고 이처럼 끊어진 사회관계를 다시 엮는 데 이바지해 왔고, 현실이 그것을 증명해 준다.

그렇지만 지역관리기업은 순전히 사회관계를 회복하는 업무만을 진행하지는 않는다. 게다가 아직 그 일을 완벽히 수행하는 법을 알지 못한다. 왜냐하면 사회관계란 억지로 만들어지는 것이 아니며, 관계를 엮는 일은 어떤 활동을 하느냐에 따라 달라지기 때문이다. 또 이러한 도전은 지역관리기업마다 고유한 논리를 따라야 하므로, 지역관리기업 차원에서 사회관계의 회복과 통합을 위해 필요한 다음의 세 가지 조건을 설정했다.

첫 번째 조건은 다양한 주체들 간의 협력이다. 각각의 주체는 사회관계의 한 측면을 담당하며, 이 긴밀한 협력 관계는 연대와 호혜로 이루어져 거의 동맹의 성격을 갖는다. 이 책의 다른 장에서는 도시와 마을, 국가나 기업 주체들과의 협력 방식에 대해 다룰 것이다. 이들 모두가 사회관계를 다시 엮는 데 협력하는 주체들이다.

두 번째 조건은 관계망 단절의 문제를 어떤 특정한 장소에서 가시적으로 벌어지는 사회관계의 문제로만 접근하지 않아야 한다는 것이다. 사실 지역관리기업은 실천적으로도 정신적으로도 사회관계, 정치 관계, 직업 관계를 모두 함께 엮고 잇는다. 이것은 단지 원칙의 문제가 아니라 실제 지역관리기업이 하는 일이며, 이 일은 세 가지 방식의 관계 엮기를 요구한다. 따라서 지역관리기업을 운영하고자 하는 이들은 자신의 조직이 이웃 간의 관계 문제, 질서나 소음, 혹은 마을 잔치와 같은 문제만을 다루지 않는다는 것을 알아야 한다. 이러한 일도 지방 정부 및 노동 문제와 동시에 다루어야 한다. 각각의 문제를 따로 다루거나, 하나를 풀고 다른 하나를 푸는 방식도 아니다. 도시 관리는 사회관계, 정치 관계, 직업 관계를 분리해서 생각할 수 없다.

세 번째 조건은 지역관리기업의 규모와 관련되어 있다. 지역
관리기업은 작은 규모의 결사체이다. 더 성장할 수 있어도 늘 성
장의 속도를 가늠하고 조직의 역량에 맞게, 파트너들이 따라올
수 있을 정도로 성장해야 한다. 어떠한 이유에서건 일정 수준 이
상의 성장을 넘어서는 안 될 것이다.

| 자활 과정에서의 노동과 일자리 문제 |

노동 문제는 지역관리기업을 설립하기 전에 특별히 관심을
기울여 성찰해야 할 주제 가운데 하나다. 노동 문제는 매우 중
요하지만, 이것을 둘러싼 긴장 관계 때문에 제대로 문제 제기되
는 경우가 별로 없다. 살기 어려운 마을 주민들에게 노동의 문제
는 곧 고용의 문제로 인식된다. 사람들은 일자리를 기다리고 일
자리를 찾는다. 정부는 일자리를 제공하기 위해 노력하고 주민
은 일자리를 구하기 위해 노력한다. 게다가 보통 정부 정책을 평
가하는 방식도 얼마만큼의 일자리를 창출했는지가 기준이 된다.
주민들이 지역관리기업에 가장 먼저 바라는 것도 일자리 창출이
다. 하지만 지역관리기업의 설립 목적은 일자리 마련이 아니다.

일단 지역관리기업은 일자리를 별로 제공하지 않는다. 일자

리가 생긴다 해도 실제 수요에 미치지 못한다. 게다가 제공하는 일자리 대부분이 시간제 근무 형태인 경우가 많다. 지역관리기업은 일자리 창출도 중요하게 생각하지만, 만들어진 일자리를 나누는 것을 더 중요하게 생각한다. 일자리를 나눔으로써 시간제 근무 형태로라도 일하고 싶은 주민들의 욕구를 충족시킬 수 있으며, 더 많은 일자리가 마을 주민에게 개방되기를 원하는 주민들의 요구에 부응할 수 있다.

일단 지역관리기업이 설립되어 정상적으로 운영되기 시작하면 아직 제대로 개발되지 않은 생산 영역(빨래방, 단체 급식, 식료품 가게 등)이나 전혀 개발되지 않은 영역(창의적인 중재, 반려견 교육 등)에서 독창적인 일자리를 창출한다. 하지만 대부분 지역관리기업은 직접 고용을 하지 않고, 마을에 새로운 일자리를 만들어 배치하는 역할을 한다. 지역관리기업은 주민들에게 이러한 상황과 현실을 솔직히 고백함으로써 주민들이 지역관리기업에 괜한 기대를 하지 않도록 해야 한다. 이러한 점을 사전에 충분히 이해시킨다면 지역관리기업은 다양한 활동을 진행할 수 있다.

지역관리기업은 종종 마을에서 가장 큰 기업이 되기도 한다. 지역 주민 가운데 기술이 별로 없는 이들이나 장기 실업자들에게 다시 일할 기회를 제공하기도 하고, 이 과정에서 새로운 시도를 하는 이들을 격려하며 그들의 기업가 정신을 북돋는 역할을 하기도 한다. 그동안 이윤이 별로 남지 않는다는 이유로 마을의 전통적인 장인들이 팽개쳐 둔 영역에서 새로 일자리를 창출할 수 있다는 점을 상기시키기도 한다.

또 지역관리기업은 돈 버는 활동과 자원 활동 사이의 경계를 허물고, 이들의 활동이 모두 마을 공동의 프로젝트에 이바지할 수 있도록 기획한다. 어떤 경우에는 남들에게 떳떳하게 밝힐 수 없는 돈벌이에 대한 구체적인 대안으로서의 노동을 제공하기도 한다. 결론적으로 지역관리기업은 일자리에 대해서는 다소 신중한 자세를 취하고 있지만, 노동에 대해서는 아주 과감하고 혁신적인 이상을 가지고 있음을 확인할 수 있다.

| 지역 내 사회적 프로젝트에 주민 참여 |

지역관리기업은 마을이 삶의 단위라는 전제에서 출발한다. 이 책의 2장에서는 지역 개념에 대해 더 구체적으로 다룰 것이다. 이 장에서는 우선 지역관리기업이 그들 마을의 역동성에 기초하여 활동한다는 점만 알리고자 한다. 지역관리기업은 여러 제도의 결합, 파트너들과의 협력, 그리고 힘의 결집을 통해 공동의 프로젝트를 생산해낸다. 지역의 각 주체는 이 프로젝트에 대해 충분히 인식하고 있어야 한다. 이러한 공동 프로젝트는 어느 정도는 분명한 언어로 표현되어야 하지만, 때로는 서툴게 표현되어 앞뒤가 맞지 않는 것처럼 보이기도 한다. 하지만 지역 주체들의 다양한 의지가 결합하여 나타난 결과가 지역의 공동의 프로젝트가 된다.

지역관리기업의 설립자나 추진단은 지역 공동의 프로젝트를 발굴하고, 강점과 약점을 찾아내고, 쟁점을 파악하여, 최종적으로 그 프로젝트에 이바지하는 역할을 한다. 우리 마을의 프로젝트는 이웃 마을의 프로젝트와 같을 수 없다. 각 프로젝트는 완전히 독립적이며, 그 지역의 논리를 따른다. 이 논리는 해당 지역에서 발생하는 문제의 절박함이나 규모에 의해 결정된다. 또 지역에서 누가 힘을 가졌는가에 따라 달라지고, 특히 주민들이 가진 힘에 의해 결정된다. 지역의 논리는 지역의 리듬과 가치를 따르게 마련이다.

지역관리기업은 지역의 프로젝트를 실행할 때 가장 먼저 주민 참여를 통해 이루어지게 한다. 그래서 어떻게 보면 지역관리기업 자체가 하나의 프로젝트일 수 있다. 하지만 지역관리기업 프로젝트 또한 지역의 사회적 프로젝트의 일부가 되어야 한다. 달리 말하면, 지역관리기업은 각 마을 단위에서 지역 정책을 구상하는 데 이바지한다고 할 수 있다. 더 넓은 의미에서 보면, 지역관리기업은 사회 정책을 지역 차원에서 조절하는 역할을 한다고도 할 수 있다.

| 활동가의 활동, 자원봉사자의 활동, 노동자의 활동 |

지역관리기업의 모임에 참여하는 이들을 관찰해보면 모두가 같은 지위를 갖고 있지 않다는 사실을 발견할 수 있다. 지역관리기업의 상임이사director 및 현장 실무책임자, 도청의 대표자, 지역노동고용직업훈련국 대표자, 사회주택 지소장 등은 임금을 받는 이들이다. 이들은 자신의 직업적 임무와 관련된 회의에 참여하는 대가로 보수를 받는다. 여기에 참여하는 전문가 중에는 자신의 신념을 실현하기 위해 일하는 활동가도 있다.

지역관리기업의 대표, 이웃 결사체 조직의 대표자들, 지역관리기업과 교류하는 주민 등은 자원봉사자의 자격으로 참여한다. 도시계획이나 사회보장 업무를 담당하는 지자체 의원 등은 위임을 받아 대표자로 참여한다. 이 또한 그들의 정치 활동 중 일부분이다.

이처럼 지역관리기업의 모임에 참여하는 각 주체의 입장과 처지가 다르지만, 그렇다고 해서 그들이 가지는 말의 힘이나 무게가 달라지지는 않는다. 각자의 발언은 같은 무게를 가진다. 수평적인 운영 방식이기 때문에 지위와 상관없이 모두에게 동일한 관심을 기울인다.

위에 언급한 두 가지 참여 방식 사이의 경계 지점에 또 다른 중요한 참여 방식이 있다. 지역관리기업의 소장이나 사회주택

대표자들의 경우 늦게까지 길게 늘어지는 회의에 참여하는 것
또한 그들의 정상적인 노동의 한 부분이다. 자신의 참여 의식에
기초하여 책임을 다하고자 하는 자원봉사자들도 마찬가지다. 하
지만 지역관리기업의 임금노동자(자활지원 사업 참여자)들에게 야
근 수당을 주지 않고 저녁 모임에 참여하라고 할 수는 없다. 물론
그 임금노동자가 자원봉사자의 자격으로 참여해야 할 분명하고
도 정당한 이유가 있는 경우는 예외적이다. 한 걸음 더 나아가 지
역관리기업의 임금노동자 또한 자신의 지역과 관련된 회의에 자
원봉사자의 자격으로 참여하면서 자신의 의지대로 시민으로서
사는 삶에 함께하는 경우도 상상해볼 수 있다. 이러면 추가 수당
을 받지 않는 것이 당연하다. 하지만 정상적인 노동시간 외에 참
여하느냐 마느냐 하는 문제는 전적으로 그의 결정에 달려있으
며, 만약 참여한다면 어떠한 자격으로 참여하는지 스스로 분명
히 인식해야 한다. 지역관리기업이 마을과 마을의 활동에서 갖
는 소임 중 하나는 임금노동자의 활동을 시민으로서의 활동으로
이동하게 하는 것이다.

2

...

지역관리기업의 설립

지역관리기업은 어떻게 설립될까?
지역의 설립 준비 집단, 전문가, 후견인들 각자의 역할은 무엇일까?
지역관리기업은 어떠한 정치적, 재정적 조건에서 만들어질까?
그들의 지역, 사회적 프로젝트, 지위는 어떻게 규정될까?

| 전문가의 진단 |

예를 들어 프랑스 어느 마을의 지역 주민과 결사체, 기관 등이 모임을 만들어 지역관리기업을 설립하자는 논의가 시작되면 이들은 바로 지역관리기업 전국네트워크에 문의한다. 지역관리기업 전국네트워크가 가장 먼저 하는 일은 이들을 전국네트워크의 광역 지부 책임자와 연결해주는 것이다. 그러면 광역 지부 책임자는 지역관리기업의 설립에 관한 모든 정보를 제공하고, 이들의 사업 계획이 충분히 무르익어 형태를 갖출 때쯤 전문가의 진단

을 받도록 한다. 만약 마을의 여러 주체가 전문가를 요청하기에
앞서 지역관리기업이 무엇인지 이해하고, 그들의 설립 목적과
지역 상황 등에 대해 명확한 생각을 하게 된다면 전문가들로부
터 매우 실제적인 조언과 도움을 받을 수 있다.

본격적인 전문가 진단 과정이 시작되면 지역관리기업 전국네
트워크는 설립 요청을 한 마을 주체들에게 지역관리기업 전문가
들의 목록을 제공한다. 마을의 주체들은 리스트에서 스스로 전
문가를 선택한다, 그러면 전문가는 사흘 동안 자문에 응하며 이
들의 결정을 돕는다. 전문가 진단 과정의 역할과 기능은 크게 두
가지다.

첫째, 마을 주체들의 의사 결정을 돕는다. 전문가는 우선 이들
에게 적합한 조직 구조를 선택할 수 있도록 돕는다. 사실 지역관
리기업을 설립하고자 하는 이들은 대부분 지역관리기업뿐 아니
라 자활기업이나 지역개발 조직 또는 새로운 형태의 경영 조직
에 대한 생각도 갖고 있기 때문이다. 따라서 그들이 진정 원하는
것이 무엇인지 파악하고, 지역관리기업이 아니라 자활기업이나
교육 작업장 등 그들에게 더 적합한 조직 형태가 있다면 그것을
설립할 수 있도록 조언해야 한다. 또 지역관리기업 설립 요청자
들의 생각뿐 아니라 그들의 파트너가 될 사람들의 상황도 검토
해야 한다. 그래야 지역관리기업 설립이 해당 지역의 주체들에
게 적합한지 판단할 수 있기 때문이다. 전문가 진단은 '무엇을 하

지역관리기업, 사회관계를 엮다

기 위해, 어디로 향하기 위해 지역관리기업을 운영하려고 하나?'
라는 질문에 답해나가는 과정이다. 이러한 검토가 끝나면 지역
관리기업의 설립 타당성 조사가 시작된다. 이것은 단순히 경제
성에 대한 조사가 아니며, 아주 면밀하고도 신중하게 접근해야
한다. 사실 경제성 조사는 훨씬 더 많은 시간이 필요하며, 지역관
리기업의 경우 경제성 조사의 핵심은 지역관리기업의 파트너인
사회주택 사업자와 자치단체에 달려있기 때문이다. 전문가는 이
들을 소환하여 앞으로 설립될 지역관리기업에 어떻게 참여할 것
인지 질적 조사를 한다. 따라서 전문가 진단으로 이루어지는 타
당성 조사는 제도적 또는 정책적 타당성 조사라고 할 수 있다. 이
를 통해 지역 주체들은 특정 사업에 대해 어떻게 구체적으로 협
력할 것인지 결정할 수 있고, 서로 어느 정도로 참여할 것인지 확
인할 수 있게 된다.

둘째, 마을 주체들은 전문가 진단 과정을 통해 지역관리기업
의 설립을 위한 실제적인 활동을 시작하게 된다. 앞서 말한 조사
들은 실제 설립을 위한 활동과 분리될 수 없다. 지역관리기업 전
국네트워크는 이러한 과정을 '주체들 간의 긴장 관계'라고 표현
한다. 전문가 진단 과정에서 지역관리기업의 설립 주체들은 현
재의 주체들은 물론 잠재적인 주체들과 머리를 맞대고 서로 어
떻게 협력할 것인지 이야기하게 된다. 현재와 미래의 주체들이
각자 사업 계획에 대해 어떻게 생각하는지 말하고, 각자 어느 정

도 참여할 것인지 서로 가늠해보는 시간을 갖는 것이다. 이때 전문가는 먼저 사업 계획을 가진 이들을 모아 지역관리기업이라는 방앗간을 돌리기 위해 각자 어떤 곡식을 가져올 것인지 묻는다. 가장 먼저 질문을 받는 이들은 지자체와 사회주택 사업자들이다. 전문가는 그들에게 두 가지 구체적인 질문을 던진다.

"설립될 지역관리기업에 어떤 시장을 내놓을 것인가? 앞으로 설립될 지역관리기업의 이사회에서 어떤 역할을 담당할 것인가?"

이들뿐 아니라 임차인 단체, 주민 단체, 중앙정부와 지방정부의 공무원 및 사회복지사들도 질문을 받는다. 전문가는 그들에게 지역관리기업에서 어떠한 역할을 할 것인지, 어떤 방식으로 지역관리기업을 관련 네트워크에 위치시킬 것인지, 그리고 지역관리기업의 주체들과 어떻게 함께할 수 있는지 등에 관해 묻는다. 전문가는 지역관리기업 운영에 필요하다고 판단되는 주체들을 만난다. 지역 주민, 지역 단체 책임자, 지역노동고용직업훈련국, 사회정책총괄국 대표자, 사회주택 사업자, 지역의 사회복지사 등 다양하다. 전문가는 지역관리기업이 세워질 마을을 파악하는 데 필요한 모든 정보를 수집한다. 마을 곳곳을 방문하기도 한다. 그러다가 때가 되었다고 판단될 때 그는 지역관리기업 프로젝트의 파트너 주체들을 모아 그들의 결심이 섰는지, 함께 일하며 지역관리기업을 운영할 역량이 충분한지 측정한다. 이러한 과정에서 전문가가 그들에게 사전 준비 단체를 만들어보라고 권할 수도 있다. 그러면서 사업 책임자를 채용하기도 하는데 보통 그가 이후 지역관리기업의 상임이사(소장)가 된다. 사업 책임자는 지역관리기업에서 벌어지는 상업 거래에 대한 협상을 시작하고, 지역의 범위를 설정하며, 미래의 실무 관리자들을 발굴하고 채용 조건을 평가한다. 이렇게 한시적인 기간에 사전 준비를 마치면 이후 사업 책임자는 소장이 되어 단체의 지위를 변경하고 진짜 이사회를 구성한다. 그리고 실제 지역관리기업이 탄생하게 된다.

지역의 요구와 전문가 진단 진행 상황에 따라 전문가는 중간 의견서를 작성한 후 지역관리기업의 설립 주체들에게 보낸다. 그다음에는 전반적인 상황에 대한 자신의 결론을 담아 최종 보고서를 작성한다. 전문가의 목적은 어떤 일이 있더라도 지역관리기업을 설립하게 하는 것이 아니라 현실을 제대로 파악하게 하는 것이며, 만일의 경우에 지역관리기업의 설립을 동반지원하는 것이다.

전문가가 며칠 동안 현장을 조사했다고 해서 모든 것을 다 파악할 수는 없다. 전문가의 보고서는 마치 사진처럼 현실의 어느 한순간을 기록하는 것이다. 하지만 그것은 나중에 지역관리기업의 주체들로 하여금 자신들의 뿌리를 환기하는 역할을 한다. 사실 전문가 진단 보고서는 지역관리기업의 근거 자료로 남게 된다. 시작의 순간에 찍은 이 사진은 지역관리기업을 이해하고 발전시켜 나가는 과정에서 아주 유용하게 활용된다.

지역관리기업의 설립 주체들은 이러한 전문가 진단에 드는 비용 일부를 책임져야 한다. 나머지 비용은 지역관리기업 전국네트워크와 정부 간에 체결한 협약에 따라 정부가 책임진다.

| 후견인 제도 |

사전에 전문가 진단을 할 때는 지역관리기업 전국네트워크가 후견인을 임명한다. 후견인은 개인이지 기관이 아니다. 보통 예전에 지역관리기업 네트워크에서 활동했던 지역관리기업의 소장이나 이사장이 임명되는데 그들의 역할은 자신의 경험을 전수하는 일이다.

후견인은 전문가 진단에 기초하여 설립 프로젝트의 첫걸음을 시작하는 일에 동반지원한다. 그는 전문가 진단 과정에서 이루어지는 전체 모임에 참석하기도 하고, 자신의 현장 경험에 기초하여 실천적인 의견을 제시하기도 한다. 또 그는 자신이 속한 지역관리기업이나 다른 지역관리기업에 함께 방문하여 그가 이야기했던 것들이 실제로 어떻게 구현되고 있는지 보여주기도 한다. 이러한 방문은 새로운 지역관리기업의 설립 주체들에게 아주 강력한 인상을 남긴다. 프로젝트에 따라 다양한 그룹이 참석하게 되는데 그 자리에 참석한 주민들 대부분이 매우 크게 감동한다.

또 후견인은 지역관리기업의 설립 주체들을 지역관리기업 전국네트워크와 관계 맺게 한다. 우선 지역관리기업네트워크의 토대가 되는 텍스트를 소개하고, 지역관리기업 헌장 및 매니페스토의 의미와 그 적용 범위를 설명한다. 그리고 전국네트워크에 있는 사람들에게 지역관리기업의 설립 주체들을 소개한다.

그러고 나서 후견인은 자신이 실행한 업무를 정리하여 지역관리기업 전국네트워크에 보고서로 제출한다. 그는 후견인 제도의 각 단계를 마칠 때마다 지역관리기업 전국네트워크에 단계별 진전 사항을 알린다. 결론적으로 후견인은 전문가 진단이 이루어지는 과정에서 지역관리기업의 설립 주체들과 전국네트워크와의 관계를 연결하는 것이다. 그리하여 일찌감치 전국네트워크의 활동에 참여하도록 독려하는 역할을 한다. 이는 단순히 후견인의 소망이 아니라 지역관리기업의 설립 주체들과 전국네트워크 양쪽이 다 바라는 일이다. 둘은 서로를 이해하고 인정하기를 원한다. 전국네트워크는 후견인을 통해 올라온 정보를 바탕으로 지역관리기업의 설립 주체들의 생각과 그들이 전국네트워크에 바라는 게 무엇인지 알게 된다.

| 지역관리기업의 설립 주체 |

어느 한 지역에서 지역관리기업을 설립하고자 하는 주체들은 개인과 기관 등 다양하게 구성된다. 그들은 누구일까?

지역관리기업 설립 주체는 크게 네 가지 유형으로 분류할 수 있다. 첫 번째 유형은 지역 주민 단체들의 모임 형태로 조직된 경우이다. 임차인 보호 단체, 마을 활성화 단체, 문화 및 종교 단체, 지역개발 단체 등 단체의 종류도 매우 다양하다. 하지만 종종 몇몇 인물들이 더 중요한 비중을 차지하는 때도 있다. 그리하여 일부 지역관리기업 설립 주체들은 몇몇 인물들과 단체 대표들로 이루어진, 복합적으로 구성된 모임인 경우도 있다.

두 번째 유형은 주민들 곁에서 현장의 문제를 민감하게 파악하고 있는 지역 사회복지사와 정책 책임자들이다. 이들은 지역관리기업이 자신들의 활동을 보완하는 역할을 할 수 있을 것으로 판단한다. 이들 외에도 청소년범죄예방클럽club de prévention*, 마을회관maison du quartier, 청년 사회경제통합 지원센터mission locale**의 책임자들이 설립 주체가 되기도 한다. 그들에게 지역관

• • •
* 청소년범죄예방클럽은 도시의 위험지역에서 거주하는 12세~25세까지의 청소년 및 청년들의 탈선과 범죄 예방을 위해 1978년에 세워진 민간단체다. 다양한 지도 활동과 주거지 알선 및 일자리 지원 활동을 진행하고 있다. ─ 옮긴이 주
** 청년 사회경제통합 지원센터는 16세에서 25세까지의 청년들의 직업 설계를 지원하는 기관으로 1982년에 설립되었다. ─ 옮긴이 주

리기업은 지역의 다양한 주체들과 연계하여 서로 상승효과를 낼 기회가 되기 때문이다.

세 번째 유형은 지자체 또는 지자체 연합 조직인데, 후자가 늘어나는 추세다. 지자체들은 지역관리기업의 시민의식적 측면에 관심을 갖게 되었으며, 사회관계를 엮고 지역 주민과 도시를 연결하는 지역관리기업의 명성에 이끌린다. 그래서 지자체 의원들은 지역관리기업이 자치단체의 정책을 보완할 수 있다고 여긴다. 하지만 이 때문에 지자체가 지역관리기업을 정책의 도구로 여길 위험도 있다. 그러나 지역관리기업이 지자체로부터 자율성을 갖지 못한다면 사회주택 사업자, 지자체, 주민들을 중재하고 서로 협력하게 하는 지역관리기업의 역할을 온전히 수행하지 못할 것이다. 따라서 지자체는 늘 지역 주민의 시도를 지지하고 지원하는 역할을 하지만 그 역할에는 항상 미묘한 측면이 있다. 지역관리기업에 필요한 것은 활동의 틀이지 통제가 아니기 때문이다.

네 번째 유형은 사회주택 사업자다. 그들 중 일부는 지역관리기업이 지역의 선순환 구조를 만든다는 것을 알고 있다. 그래서 어떤 사회주택 사업자들은 자체적으로 지역관리기업을 모방한 자회사를 운영하기도 한다. 하지만 이러면 이들이 처음에는 좋은 의도와 전문성을 갖고 시작했을지라도 자칫 권위주의에 빠질 위험이 있다. 또 다른 사회주택 사업자들은 지역관리기업을 신뢰하며 기꺼이 협력관계를 맺는다. 왜냐하면 그들 자체적으로는 지역관리기업이 진행하는 활동을 하지 못한다는 것을 알기 때문이다.

지역관리기업 전국네트워크는 위에서 언급한 주체들의 유형 중 최소한 두 유형이 공동의 프로젝트를 수행하는 데 합의하기를 바란다. 그리고 지역관리기업을 시작할 때에는 사회주택 사업자와 지자체, 주민 등 세 주체의 초기 형태만 만들어져도 충분하다. 사실 이들 가운데 두 주체만 모여도 지역관리기업의 설립 주체가 완성될 수 있다. 처음부터 핵심 주체들이 다 모여서 시작하는 경우는 드물다. 가장 흔한 경우는 두 주체가 세 번째 주체를 함께 찾아 나서는 것이며, 설립을 준비하는 동안 자연스럽게 세 번째 주체가 결합하게 된다.

| 주체의 부족함을 어떻게 보완할 것인가? |

지역관리기업의 주요 주체인 지역 주민, 지자체, 사회주택 사업자 모두 지역관리기업을 운영할 때 없어서는 안 될 존재들이지만, 지역관리기업을 시작할 때 그들 모두가 똑같은 전략적 중요성이 있는 것은 아니다. 지역관리기업을 시작할 때 무엇보다 중요한 것은 앞서 말했듯이 최소한 두 주체 간의 협력이다. 가장 중요한 두 주체는 사회주택 사업자와 지자체다. 지자체의 동의

나 지원 없이 지역관리기업을 시작하기란 매우 어렵다. 또 사회
주택 사업자의 참여 의지와 이해가 없으면 금방 위험에 처할 수
있다. 두 주체는 지역관리기업의 지속적인 운영에 책임감을 느
껴야 한다. 그들이 그저 멀찍이 떨어져 지켜보기만 한다면, 실제
로 운영 과정에서 어려움이 닥쳤을 때 파트너를 교체하거나 정
책을 변경할 가능성이 크다. 따라서 전문가 진단을 마친 후에 그
들의 참여 의사가 어떠한지가 지역관리기업의 설립에 결정적인
역할을 한다. 그들이 단지 지원자나 후원자의 역할을 하는 것으
로는 충분하지 않다. 그들 스스로 진정한 주체가 되어야 한다. 그
들의 참여 의지는 그들이 사용하는 언어를 통해 확인할 수 있는
데, 그들이 지역관리기업에 대해 말할 때 '우리'라고 하는지, 아
니면 '당신들' 또는 '그것'이라고 하는지를 보면 알 수 있다.

지역관리기업의 정책에서 주민들은 주요 주체이지만 처음부
터 참여하지 않을 수도 있다. 왜냐하면 주민들은 소환할 수 없는
존재이기 때문이다. 주민은 한두 명이 아닌 다수이고 각자 할 일
이 있는 사람들이다. 그뿐만 아니라 지역관리기업 설립과 관련
한 쟁점을 이해하기도 어려워한다. 한마디로 시간이 오래 걸린
다. 하지만 그들이 지역관리기업이 제기하는 문제와 관련된 단
체나 조직에 속해 있으면 자발적으로 참여하기도 한다. 또 지자
체 의원들과 주민들이 평소에 두터운 신뢰를 바탕으로 진정성
있는 대화를 나누는 관계라면, 주민들이 지역관리기업에 관한

설명회나 활성화 모임에 참여하여 협력 관계를 만들기도 한다. 하지만 지역관리기업의 설립 단계에서는 지역 주민들이 마을에 대해 시민의식을 가지고 참여해야 한다는 구체적인 목표를 가지고 주민들을 조직해야 한다.

지역관리기업을 시작할 때 주민의 참여가 없으면, 그들을 기다리거나 찾아 나서야 할 것이다. 주민을 기다린다는 것은 그들이 지역관리기업에 참여할 때를 대비하여 지역관리기업의 운영 조직에 그들의 자리를 남겨두어야 한다는 뜻이다. 그들을 찾아 나서는 것은 지역관리기업의 전형적인 활동이다. 지역관리기업에서 책임 있는 자리를 맡을 만큼 충분히 자기 시간을 내고, 뭘 해야 할지 알고 있는 마을 주민이 나타나기까지는 몇 년이 걸릴 수도 있다. 지역관리기업 운동에서 주민 조직화의 궁극적인 목적은 지역 주민들이 이전까지 외면해왔던 일에 대한 책임감을 느끼게 하는 것이다. 그러므로 주민들이 처음부터 알아서 참여하기를 기대해서는 안 된다.

한편 사회주택 사업자가 참여하지 않는 예도 있다. 이러면 지역관리기업의 시장이 없어진다는 문제가 있다. 이 경우도 다양한 형태로 나타난다. 우선 사회주택 사업자가 지역관리기업의 고객인 동시에 공급자가 되어야 한다는 사실을 두려워하는 경우가 있다. 사회주택 사업자가 제공할 시장이 전혀 없는 예도 있다. 안 좋은 소문을 듣고 꺼리게 되거나 지역관리기업을 잘 몰라

서 경계하는 때도 있다. 도시 관리에 문제가 없다고 생각하는 때
도 있다. 그러므로 각각의 때에 따라 다르게 대처해야 한다. 그간
의 경험에 비추어볼 때 사회주택 사업자가 지역관리기업을 이해
하고 자신들의 역할을 받아들이기까지는 아주 많은 시간이 걸리
지만, 일단 시작하고 나면 되돌리는 일이 거의 없다. 만약 사회주
택 사업자가 참여하고 몇 개월이 지난 뒤 애초에 약속했던 시장
을 내줄 수 없다고 한다면 당분간 그 시장을 포기하는 게 낫다. 사
회주택 사업자는 경영자이며, 그들이 지역관리기업에 참여하는
이유도 경영자로서의 참여라는 점을 잊어서는 안 된다.

지역관리기업 설립 초기에 지자체가 참여하지 않게 되면 장
거리 육상 선수 상태로 돌입해야 한다. 지자체가 잠재적인 고객
이기도 하지만 무엇보다 가장 확실한 지원자 역할을 하기 때문
이다. 지자체는 지역관리기업에 물질적이고 정신적인 지원자인
동시에 믿음직한 공모자 역할을 하기도 한다. 지자체가 참여하
지 않을 경우, 사회주택 사업자는 타협을 거부하거나 지역관리
기업을 이용하려는 태도를 보이게 되어 다른 주체들까지 참여를
꺼리게 하는 결과를 초래하기도 한다. 그러면 어떻게 지자체 의
원들을 설득할 수 있을까? 여기서 주의할 것은 그들이 참여하지
않는 원인 또한 다양하다는 사실이다. 무관심 때문일 수도 있고,
잘 모르기 때문일 수도 있고, 지역관리기업의 독립적인 운영 방
식에 경계하기 때문일 수도 있다. 지자체는 다른 방식으로도 원

하는 목표를 달성할 수 있다. 지자체가 설정한 목표를 달성하는 데 있어 지역관리기업은 필요 없을 수도 있고, 최악의 경우 걸림돌이 될 수도 있다. 그러므로 이러면 무엇이 부족한지 다시 상황을 점검하여 그에 맞는 답을 찾아야 한다. 여기서 중요한 사실을 하나 전달한다면, 지자체 의원이 가장 바라는 것은 '어떻게 하면 재선에 성공할 수 있는 환경과 조건을 마련할 수 있을까?'라는 점이다.

| 재정적 한계 |

이 안내서에서는 대략적인 지표를 보여줄 수밖에 없지만, 지역관리기업 중에는 매출이 7만 5,000유로를 밑도는 곳도 있다. 이 정도의 매출이라면 당연히 경제적 어려움을 겪을 것이고, 지역에서 순환 경제를 이끌어나갈 만큼 튼튼한 조직으로 인정받기도 어렵다. 350가구를 관리하는 지역관리기업의 예를 들어보자. 운영을 잘해도 어려움이 없지 않다. 지역을 좋게 변화시켰으나 살아남지 못할 수도 있다. 창의적 실천 경험도 현실 앞에서는 무너지게 된다. 왜냐하면 하나의 지역관리기업이 존재감을 드러내며 충분한 일감을 확보하려면 대략 800~1,000세대를 확보해야 하기 때문이다. 이보다 적은 수의 세대를 대상으로 사업하는 경우에 재정적으로 살아남기 위해서는 사업의 상당 부분을 유지보수 작업으로 운영해야 하는데, 그러면 지역관리기업은 지나치게 사회주택 사업에 얽매이게 되고, 사회주택 사업자 역시 공급자인 지역관리기업에 얽매이게 된다. 이처럼 지나치게 협소한 의존관계는 문제를 일으킬 수 있다.

재정적 한계는 더욱 중요한 문제다. 하나의 지역관리기업이 정상적으로 운영되기 위해서는 최소한 15~18만 유로의 매출을 달성해야 한다. 이 정도 매출을 달성해야 운영에 필요한 최소한의 고정비용을 충당할 수 있다. 이 고정비용에는 우선 임금이 포함된다. 임금은 소장, 반상근 사무직원, 현장 기술 실무책임자 등 최소한의 상근 인력 팀을 위한 것이다. 여기에 3~4명의 상근 인력이 추가될 수 있다. 여기에 각종 운영 비용(임대료, 소도구, 사무국 등)과 감가상각 비용(중장비, 차량 등)을 추가해야 한다. 그러니 총 매출이 18만 유로 정도라면 최소한 안정선이라 할 수 있다. 여기서 총 매출은 보조금을 제외한 금액을 말한다. 지역관리기업이 지역에 다양한 서비스를 제공하는 대가로 정부 보조금을 받는다는 점을 고려해야 하겠지만, 어떤 보조금의 경우 한시적인 성격이 강하여 일반적으로 초기 설립 예산을 산정할 때는 총 매출에 포함하지 않는다.

때로는 이러한 재정적 한계를 우회할 수도 있다. 예컨대 인접한 곳에 있는 두 지역관리기업이 같은 문제를 가지고 있을 때, 일시적으로 상임이사의 임금이나 차량의 감가상각 비용을 함께 분담할 수도 있다. 하지만 이러한 해결 방식은 지역관리기업을 취약하게 만들기 때문에 별로 권하고 싶지 않다. 지역관리기업은 하나의 정상적인 기업으로 운영되어야 한다는 점을 잊지 말아야 한다.

| '지역'에 대하여 |

지역의 개념

'지역'이라는 개념은 지역관리기업 운동에서 가장 치열하게 토론된 용어다. 도시 연구와 지리 연구에서도 이 개념에 대해 많은 논의가 있었다. 지역의 의미가 무엇인지 딱 잘라 말하기는 어렵지만, 지역관리기업에서 지역이 갖는 의미가 무엇인지 성찰하기 위해 몇 가지 질문을 던지고자 한다.

우선 지역은 지역관리기업의 정체성을 이루는 핵심이라는 점을 말하고 싶다. 지역관리기업은 지역화된 조직이다. 그래서 이름에도 '지역'이 들어가 있다. 지역관리기업에게 지역이란 마을이며, 마을은 곧 지역관리기업의 지역이다. 이렇게 말하면 곧이어 여러 가지 질문을 쏟아질 것이다. "마을이 뭔가요?" "마을의 범위를 정하는 방법은 하나뿐인가요?" "지역이란 단지 물리적인 의미만 가지나요? 아니면 상징적인 의미도 가지나요?" "지역관리기업의 활동은 마을에 한정되어야 하는 건가요?"

이러한 형식적인 질문에 답하기 전에 먼저 근본적인 질문에 답해보자. 왜 지역관리기업이 활동하는 데 지역적 한계를 두어야 하는가? 달리 말하면 지역관리기업은 왜 스스로 지역적 경계를 정해야 하는가?

이 질문에 대한 답은 지역관리기업의 소명인 '사회관계 엮기' 또는 '시민으로서 주민들의 참여'에서 찾을 수 있다. 애초의 생각은 이론보다는 실천적 경험에 바탕을 두고 있으며, 이때 마을을 최소한의 지리적 단위로 상정한 것은 첫째, 그 공간에서 지역 주민들이 서로 알고 서로를 인정할 수 있으며, 둘째, 도시와 관련한 중요한 문제는 마을 단위에서 구체적이고 민감한 방식으로 드러나기 때문이다. 이러한 조건 때문에 지역관리기업의 활동 영역이 마을로 한정된 것이다.

그렇다면 마을이란 무엇일까? 그것은 물리적으로나 행정적으로 정해진 것일까? 아니면 주민들이 인식하는 장소나 공간 자체가 마을일까? 이 질문에 대해서도 섣부른 답변을 하지 않도록 조심해야 한다. 왜냐하면 마을이란 지역과 마찬가지로 각자의 논리에 따라 주체가 인식하고 이해하고 살아가는 방식에 따라 달라지는 것이며, 이처럼 지역을 인식하는 방식이 서로 다르다는 사실 자체에 의미가 있기 때문이다. 지역관리기업도 마찬가지다. 지역관리기업이 사람을 모집할 때, 경제적인 서비스를 제공할 때, 사회적인 문제에 참여할 때, 시민으로서 주민의 참여를 고려할 때 제각각 지역에 관한 생각은 다를 수 있다. 그렇다 할지라도 어느 정도 마을에 대한 정확한 형태와 개념을 갖기 위해 다음과 같은 사항을 고려할 수 있을 것이다.

먼저 지역관리기업에 있어 마을이란 사람을 채용하기 위한 지역적 범위가 된다. (물론 기술을 가르쳐주는 실무책임자의 경우 다른 지역 출신일 수 있다.) 지역관리기업에서 일하는 사람들은 해당 기업이 속해 있는 마을의 주민이다. 이때 주민이라는 개념은 매우 엄격히 적용된다. 어떤 경우에는 더는 그 마을에 살지 않는 사람들이 포함될 수도 있지만, 어디까지나 그 마을에 오래 살았거나 다른 이들이 여전히 마을의 주민이라고 여길 정도로 *끈끈한* 관계를 유지하는 이들에 한해서다. 그래서 지역관리기업의 소장과 이사회는 신규 채용을 할 때 채용 대상자들이 마을과 이러한 관계를 맺고 있는지 잘 살펴야 한다.

그다음으로 마을이란 지역관리기업이 개입하는 범위를 뜻한다. 지역관리기업의 운영진은 지역 주민의 인식 범위 내에서 일하게 된다. 때로는 이러한 제한 범위를 넘는 경우도 볼 수 있는데, 이러한 경우에 매우 신중하게 대처해야 한다. 하지만 지역의 범위를 정하는 문제와 관련하여 일단 지역관리기업이 활동할 사회적 이유가 없는 곳이라면 그곳은 포함되지 않는다는 정도로 생각해 두자.

그런데 지역의 범위를 제한할 때 지역이 폐쇄된 성곽처럼 될 위험이 있다. 어떤 주민들은, 특히 청년들의 경우 자기 지역의 고유한 습성과 규칙 뒤에 숨는 바람에 외부 세계와의 만남을 통해 얻을 수 있는 새로운 모험과 발견의 기회를 놓치기도 한다. 하지만 지역관리기업에 고용된 이들이 마을이라는 제한된 지역을 벗어나는 것은 아주 좋은 교육적 효과를 발휘하기도 한다. 이를 통해 폭넓은 사회 경험을 할 수 있고, 지역의 책임 있는 시민으로서 인정받을 기회를 가질 수 있다.

이처럼 마을이라는 제한된 개입 범위를 설정할 필요성과 폐쇄된 성곽처럼 될 위험성 사이의 딜레마를 해결할 방안이 있다. 첫 번째 해결책은 일부 작업장을 지정된 범위 외의 지역에 두는 것이고, 두 번째는 다른 지역관리기업과 협약을 체결하여 그 지역의 노동자들을 고용하여 받아들이는 방법이다. 프랑스의 지역관리기업 내 전국 순회 제도는 이러한 교환과 나눔의 원리가 적용된 결과로서 마을이라는 지역적 배타성을 줄이는 효과가 있다. 그 결과 오늘날 많은 지역관리기업이 부분적으로나마 자신의 지역을 벗어나서 활동할 수 있게 되었다. 그러나 무엇보다 중요한 것은 왜 이러한 선택을 하는지 지역관리기업이 아는 것이며, 그 목적이 단지 경제적인 이유나 새로운 시장을 얻기 위해서가 아님을 알아야 할 것이다.

  마지막으로 마을이란 주민들이 그들과 관련된 문제를 의논할 수 있는 일정한 공간적 범위를 의미한다. 이러한 관점에서 마을의 경계를 짓는 기준은 매우 주관적이면서도 집단적이다. 마을이란 주민들이 사는 모습 그대로를 반영하기 때문이다. 그래서 보통 마을 이름은 '삼천 마을', '소나무 마을' 등으로 표현되곤 한다. 게다가 때로는 마을의 역사에 따라 행정구역의 의미 없이 기초 자치단체에 걸쳐있을 때도 있다. 이러한 경우에 마을의 공간을 공유하는 기초 자치단체 연합을 만드는 데 지역관리기업이 이바지할 수도 있다. 이렇듯 한 마을은 긴 역사 속에서 철도나 고속도로 등에 의해 경계가 만들어지기도 하고 끊기기도 하고 다시 이어지기도 한다. 그래서 잠시 머물렀다 지나가는 이방인들에게는 보이지 않을 수 있다. 따라서 마을이라는 개념을 생각할 때에는 이러한 측면들을 모두 고려할 필요가 있다.

  지역관리기업이 기본적으로 지역을 정의하고 구분 짓는 기준을 요약하면 다음과 같다.

- 주민들을 실제로 대표할 가능성
- 가까운 곳에서 노동할 가능성
- 실제로 작동되는 이사회를 구성하고 모을 가능성
- 수익성을 보장할 정도의 범위
- 역설적으로는 주민들이 마을을 벗어날 가능성

지역의 확장

지역관리기업의 '지역'은 점차 복잡해지고 있다. 어떤 지역관리기업들은 여러 마을에 걸쳐 개입하기도 한다. 심지어 여러 도시에 걸쳐 활동하는 지역관리기업들도 있다. 또 다른 지역관리기업들은 도시 및 도시 주변 지역에 개입한다. 처음에는 특정한 마을에서 시작한 지역관리기업이 확장되는 경우도 종종 볼 수 있다. 이러한 변화는 대개 이웃 마을의 시장을 확보하거나 지역관리기업의 사회적 활동이 확장되면서 생겨난다. 지자체 의원이나 사회주택 사업자의 요구에 부응하기 위해 확장하는 때도 있다. 하지만 이러한 지역 확장에 앞서 충분히 생각해야 한다. 그에 따라 다양한 변화가 일어날 수 있기 때문이다. 지역의 여러 가지 확장 형태는 다음과 같다.

첫 번째는 한 마을에서 여러 마을로 확장하는 것이다. 특정한 마을에 기반하던 지역관리기업이 여러 마을에 걸쳐 일하게 되면서 점차 그 마을 주민들도 채용하는 방식이다. 두 번째는 여러 군데에 공간을 두는 것이다. 이 경우에 지역관리기업은 다른 마을에 새로운 사무실을 내고 이전 사무실과 신규 사무실을 동시에 운영한다. 세 번째는 벤치마킹 방식이다. 이 경우는 어느 한 마을에 기반한 지역관리기업이 다른 마을에서 지역관리기업이 만들어질 수 있도록 독려하고 지원하는 형태다.

지역관리기업의 확장은 분명 지역관리기업 운동이 진화하고 있다는 뜻이며, 지역관리기업 자신의 내적인 요구가 있다는 뜻이다. 이때 지역관리기업은 마을을 넘어 도시와 도시 공간 전체를 고려해야 하며, 지역의 여러 이해 당사자들을 통합하여 사회관계 측면에서 연대할 수 있도록 도와주어야 한다. 이렇게 될 때 사회적·정치적·경제적 측면을 아울러 지역의 중심과 주변 관계를 더 분명히 할 수 있게 된다. 그리하여 나중에는 정책 담당자들에게 현재의 행정구역 구분이 얼마나 불합리한지도 말할 수 있게 된다.

　　어떤 확장의 형태를 선택하든지 지역관리기업의 기본 원칙을 지키도록 노력해야 한다. 특히 운영 지도 기구는 확장된 지역에 맞추어 운영해야 할 것이다. 만약 지부를 낸 경우라면 새로운 지역관리기업의 모든 운영 단위를 설치해야 할 것이다. 반면 지역관리기업이 단지 이웃 마을에 가서 일하고 사람을 채용하는 경우라면 그 지역 상황에 맞게 주민, 사회주택 사업자들(해당 부문의 책임자들), 그리고 해당 지자체 의원들에게 개방하여 새로 이 사회를 구성하는 것이 맞다. 이렇게 되면 마을 단위의 지역관리기업이 아니라 '도시 지역관리기업'이나 '마을 간 지역관리기업'이 되는 것이므로 현실에 맞게 정관을 변경해야 할 것이다. 확장이라 할지라도 단지 다른 마을의 한 부분만 포함하여 확장한 것이라면, 이 경우는 애초 근거 지역으로 삼았던 마을보다 더 적합한 지역을 찾았을 때이며 전체 활동의 일부만 확장되는 경우이다. 이 경우에도 새로 형성된 활동 범위에 적합하게 정관과 인력, 실천 방식을 변경해야 할 것이다. 그리고 이러한 확장 과정에서 조직을 이끌어가는 사람들이 동일하게 던져야 할 질문은 다음과 같다. "지역관리기업과 지역의 관계는 여전히 살아있는가?"

| 지역관리기업의 사회적 프로젝트 |

지역관리기업은 주체들의 뜻만 맞는다고 만들어지는 것이 아니다. 주체들의 뜻은 반드시 사업(프로젝트)의 형태로 드러나야 한다. 대개 사업이란 뻔한 순서를 밟는다. 먼저 지역관리기업의 설립 주도자들이 사업을 맡는다. 그리고 마을의 문제는 한정되어 있어서 사업 계획도 분명하게 정해진다. 하지만 늘 이렇게 진행되지만은 않는 게 현실이다.

우선 사업이 복잡하게 얽히는 경우가 있다. 지역관리기업을 구성하는 다양한 이해 당사자들의 이해관계가 각기 다르거나 다른 방식으로 표출되는 경우이다. 이러한 차이와 이견은 서로 모순되는 의견으로 표현될 수밖에 없을 것이다. 하지만 이 또한 집단적 프로젝트를 만드는 하나의 방식이라는 점을 인정해야 한다.

무엇을 하려고 지역관리기업을 만들었는가? 우리는 선택을 해야 한다. 어떤 이유는 만족스럽지 않고, 또 어떤 이유는 충분하지 않다. 만약 지역관리기업을 설립하는 이유가 단지 어려움에 부닥친 이들의 자활을 지원하기 위한 이유뿐이라면 굳이 지역관리기업을 설립할 것이 아니라 자활기업이나 인력파견단체를 설립해야 할 것이다. 만약 프로젝트의 목적이 지역민주주의 절차를 도입하고자 하는 것이라면 예컨대 마을위원회 같은 기구가 더 적합할 것이다. 마찬가지로 프로젝트의 목적이 공공질서의 재확립이라면 지역관리기업은 전혀 적합한 기구가 될 수 없다.

그 모든 것보다 우선되어야 할 지역관리기업 설립 목적은 부실한 도시 관리 문제이다. 이 문제는 다양한 형태로 드러난다. 예컨대 기술적인 부실함의 문제는 건물의 계단이나 외부 공간, 입구, 쓰레기장 등을 청결하게 유지할 능력이 없는 경우, 또는 건물이나 건물 주변이 빈번하게 파괴되거나 손상을 입는 경우이다. 이러한 문제가 생기는 까닭은 건물주와 주민 간에 건물의 유지 및 청소 방식에 대한 합의를 보지 못했기 때문일 수 있다. 그 이유가 무엇이든 도시 관리 부실의 문제가 있다면 지역관리기업을 설립할 이유가 충분하다. 하지만 지역관리기업의 사회적 프로젝트는 이게 다가 아니다.

지역관리기업의 사회적 프로젝트란 도시 관리의 부실함을 해결하고자 하는 목적을 넘어 일련의 궁극적인 목적을 달성하기 위해 마련된 전략이자 실행 도구다. 그것은 바로 반복적으로 발생하는 비정상적인 작동방식을 고치기 위해 사회주택 사업자, 지자체 의원, 주민 간의 대화 절차를 도입하는 것이다. 이 절차에 대해서는 추후 자세히 다룰 것이다. 여기서 중요한 것은 지역관리기업의 궁극적인 목적과 기술적 목표와 주체가 하나의 동일한 프로젝트 안에서 통합되어야 한다는 것이다. 이 프로젝트는 자치단체 간의 관계를 개선하고, 마을을 도시의 다른 곳에 개방하며, 마을에 필요한 시설을 갖추고, 마을의 필요와 역량에 맞는 다양한 제안을 할 수 있도록 만드는 것이다.

| 법적 지위 |

지역관리기업은 1901년 결사체에 관한 법에 따라야 한다. 하지만 이 법적인 지위도 몇 가지 변수를 가질 수 있다. 우선 지역관리기업은 지역노동고용직업훈련국의 승인을 받아 자활지원 일자리를 둘 수 있어서 때로는 내부에 자활기업의 구조를 품기도 한다. 이는 전략적인 선택에 따른 것이다. 이 경우 자활지원 활동은 지역관리기업 활동의 일부가 된다. 그런데 가끔 정부(특히 지역노동고용직업훈련국)에서 관리 감독을 목적으로 해당 지역관리기업에 자활지원 사업과 다른 활동을 확실하게 분리하라고 요청할 때가 있다. 하지만 지역관리기업으로서는 자활지원 사업이든 사회관계 창출과 같은 더욱 포괄적인 활동이든 그 모든 측면이 연결되어야 효과를 발휘할 수 있다. 따라서 지역관리기업은 활동의 유형과 개입 방식을 통합하여 개별적인 자활 경로를 구축하고, 사후 관리 시스템 및 여타의 독창적인 절차를 만들어낸다.

1901년 결사체법에 따른 법적 지위는 구속 조항을 포함하기도 한다. 예컨대 법은 대표이사와 사무국장 및 회계를 포함하는 사무국을 구성하고, 이사회와 총회를 두어야 한다고 강제한다. 그러므로 정관을 작성하는 순간은 아주 중요한 순간이다. 바로 이때 지역관리기업의 권력 구조를 어떻게 나눌 것인지 성찰해야 한다. 이러한 권력의 분배가 지역관리기업의 미래를 결정하기 때문이다.

지역관리기업의 설립 주체들(사회주택 사업자, 지자체, 주민 대표 및 다양한 파트너들)은 위에서 언급한 각각의 기구에 배치되어야 한다. 간혹 어떤 주체들은 참여를 피하려고 하기도 한다. 특히 사회주택 사업자와 지자체 의원들은 사업의 발주자와 공급자로서 해야 할 역할과 지역관리기업의 일원으로서 해야 할 역할 사이에 혼선이 있을 것을 걱정하기도 한다. 그래서 보통 사회주택 사업 대표자나 자치단체장에게는 지역관리기업의 대표이사나 회계 담당자의 역할을 맡기지 않는다. 대신 이 두 자리는 다른 지자체 의원이나 주민이 담당하도록 한다. 하지만 사회주택 사업 대표자나 자치단체장이 이사회 구성원이 되는 것까지는 허용한다. 이 경우에 외부 이사 등 적절한 지위를 만들어 참여하게 하는 것도 가능하다. 만약 서민임대주택HLM 회사나 어떤 사무소의 지소장이 이사회 참여를 꺼린다면 한 지역 책임자에게 권한을 위임하여 파트너들과 구체적인 대화를 할 수 있도록 하면 된다. 어떤 경우든 서로 경쟁적으로 참여할 수 있도록 묘책을 세우는 것이 중요하다.

총회는 지역관리기업의 역동성과 효율성에 결정적인 역할을 하며 상징적인 의미가 있는 중요한 기구다. 총회에서 중요한 사안이 결정되고 나면 되돌릴 수 없으므로 신중해야 한다. 따라서 지방의회 의원이나 지방정부의 대표자가 참석하여 총회의 정당성을 부여하는 것이 필요하다. 총회는 또한 심의 기구로서 지역관리기업의 방향성을 제안하는 기구다. 그러므로 주민들이 대거 참석해야 한다. 그때가 각자 발언을 하거나 답변을 듣고, 마을살이에 영향을 미치는 인물들을 볼 좋은 기회다.

총회 참석 인원이 너무 많으면 제대로 된 토론을 하기 어렵겠지만, 그래도 주민들에게 인정받는 인물이나 중요한 사람들(시장이나 부시장, 서민임대주택의 지소장이나 대표, 도département 대표자 등) 간에 내실 있는 토론이 이루어질 수 있도록 해야 한다. 이때 지역관리기업 전국네트워크가 참여하여 정책적인 측면 강화를 도울 수도 있다. 또 지역의 다른 단체나 조직에서 참석하여 함께 발언하고 지지를 표명하는 것도 좋다. 마지막으로 다른 지역의 지역관리기업이 참석하여 연대를 표명하는 것도 중요하다.

지역관리기업이 결사체로서의 정체성을 갖는 일은 매우 중요하다. 그러므로 결사체 활동에 실질적이고 온전하게 참여할 필요성에 대해 아무리 강조해도 지나치지 않을 것이다. 그리고 결사체 활동의 기구와 규칙은 무슨 일이 있어도 꼭 존중해야 한다. 총회에서는 방향을 정하고 그에 따른 실행 방안을 결정해야 한다. 이사회는 토론하고, 숙의하고, 운영을 꼼꼼히 관리해야 하며, 협력자들을 모아야 한다. 사무국은 회계를 처리하고, 정책을 실현하고, 협상이 지속해서 이루어지는지 확인하며 전반적인 운영을 책임져야 한다. 대표이사는 적극적이고 정기적으로 참여해야 한다. 결사체로서의 운영 원리를 회피하는 지역관리기업은 오래 가지 못한다.

3
...

지역 파트너들의 참여

지역관리기업을 작동시키는 지자체, 사회주택 사업자 및 공동주택 소유자,
사회복지사, 민간단체, 정부 기관 사이의 파트너십 시스템은 어떻게
만들어질까? 이러한 다양한 주체들의 참여는 각각 어떠한 성격을 가질까?
지역관리기업의 입찰 계약 방식에는 어떠한 것이 있을까?

파트너십이란 다양한 주체들이 공동의 목적을 가지고 서로 연대
하는 활동이다. 파트너십이라는 연대의 방식은 다양하게 표현될
수 있는데, 지역관리기업은 그중에서도 가장 높은 수준의 연대
를 실현하고자 노력한다. 지역관리기업은 파트너들의 외부에 존
재하는 것이 아니라, 그들이 함께 만들어나가는 공동의 사업이
다. 이들 가운데 세 주체, 즉 지자체와 사회주택 사업자 및 공동주
택 소유자들 그리고 지역 주민이 지역관리기업의 핵심 파트너들
이다. 그중에서도 지역 주민은 파트너이자 서비스 수혜자인 동
시에 이러한 과정에서 실행되는 민주적 원칙의 주체가 된다. 이

처럼 복합적이면서도 중요한 지역 주민의 역할이 지역관리기업에 대한 그들의 개입 방식을 규정하기 때문에, 이들이 지역관리기업에 어떠한 방식으로 협력하는지에 대해서는 6장 '지역민주주의에의 참여'에서 좀 더 본격적으로 살펴보고자 한다.

| 지역관리기업과 지자체의 협력 |

지역관리기업과 지자체는 일반적으로 파트너십을 갖는다. 이러한 파트너십은 지자체와 지역관리기업 간의 이해관계에 따라 정의된다. 따라서 그들이 서로의 이해관계를 얼마만큼 충분히 파악했느냐에 따라 이들 사이에 조화로운 협력 관계가 이루어진다. 그렇다면 그들은 서로 어떠한 이해관계를 갖고 있을까?

지자체가 지역관리기업에 협력하는 목적은 다음과 같다. 먼저 지자체는 지역관리기업이 해당 지역의 관리 서비스 발전에 이바지하기를 기대한다. 여기에는 도로변, 야외 공간, 지자체 건물 등 주요 지역 공간에 대한 기본적인 관리 서비스가 포함된다. 그런데 종종 지자체가 일반 기업에 기대하는 것 이상의 것을 지역관리기업에 바라는 경우가 있다.

예를 들어, 지자체는 지역관리기업이 지역 일자리 확산에 이바지하는 것을 기대할 수 있다. 지역관리기업은 수익이 낮다는 이유로 일반 기업에서는 하지 않는 새로운 사업을 진행하기 때문에 더욱 환영받는 일자리를 만들어낼 수 있으며, 상업적 형태로는 존재하지 않는 근린 서비스도 제공할 수 있다. 이 책의 4장에서 이러한 활동에 관해 더 자세히 설명할 예정이다. 일단 여기서는 이러한 서비스가 지역 주민에게 이로운 재정적 흐름을 만들어낸다는 점을 강조하고자 한다.

지역관리기업이 일자리를 만들어낸다고 해서 지역의 실업자 수가 급격하게 줄어들지는 않는다. 지역관리기업에는 그럴만한 야심도 수단도 없다. 그러나 지역관리기업은 경제활동을 통한 노동통합에 이바지한다. 이는 지역관리기업의 사명 중 하나로, 이로 인해 지역관리기업은 노동통합 조직으로도 분류된다. 하지만 지역관리기업은 이러한 노동통합 조직 중에서도 매우 독창적인 형태를 가지고 있다. 무엇보다 노동통합 자체는 지역관리기업의 주요 사명이 아니다. 지역관리기업에서는 심각한 문제와 어려움을 겪고 있는 사람들과 상대적으로 적은 어려움을 겪고 있는 사람들 그리고 자립 생활이 가능한 사람들이 함께 어우러져 일하며, 이러한 과정에서 서로서로 돕고 격려한다. 하지만 지역관리기업은 지역의 모든 사회문제를 체계적으로 담당하지는 않는다. 지역관리기업이 담당하지 않는 영역에 대해 과도한 역할을 기대하지 않으려면, 지자체가 먼저 지역관리기업이 다루는 영역이 무엇인지 정확히 이해해야 한다.

지역관리기업은 이 책의 6장에서 더욱 자세하게 다뤄질 '시민의식 고취'라는 매우 독창적인 방식으로 지역에 이바지한다. 지역관리기업은 지역 주민의 눈높이에 맞춰 관찰하고 분석하며 행동한다. 지역관리기업은 다양한 토론회와 모임을 열어 지역 주민이 서로 소통할 기회와 장소를 마련하기도 한다. 이러한 과정을 통해 지역관리기업은 마을공동체에 대한 주민의 이해와 관심을 불러일으킴으로써 지자체 활동을 돕고 주민 참여를 촉진한다. 지자체 의원들은 토론회에서 제기된 문제를 살펴보고, 이에 관해 적절한 대책을 만들어낼 수 있다. 이처럼 지역관리기업과 주민위원회는 상호 보완적 역할을 하므로 거의 동시에 설립되곤 한다. 지역관리기업은 도시 관리에 관한 주민 토론을 진행하고, 주민위원회에서 이것을 더욱 광범위하게 다룰 수 있다. 지역관리기업은 주민위원회의 결정이 실행되도록 돕거나 기술적 조언을 제공하기도 한다.

주민위원회가 없을 경우, 지역관리기업은 지자체 의원들을 개입시킴으로써 지역 주민과 함께 마을공동체의 문제를 해결해나가는 민주적이고 효과적인 매체로 기능하기도 한다.

이러한 과정에서 지자체는 지역관리기업을 지역 주민과의 대화를 위한 여러 매체 중 하나로 생각할 수 있다. 그러나 지자체는 지역관리기업을 이러한 도구로 삼지 않도록 경계해야 한다. 지역관리기업 역시 주민의 신뢰를 잃지 않기 위해서는 지자체와 매우 긴밀한 관계에 있더라도 언제까지나 독립적인 주체로 남아 있어야 한다.

한편 지역관리기업은 지자체와 건강한 협력 관계를 맺기를 기대한다. 가장 먼저 요구되는 것은 정신적 지원이다. 이는 지역 관리기업이 어려운 상황에 부닥쳤을 때, 지자체 의원들이 지역 관리기업의 편에 서는 것을 의미한다. 지자체 의원들은 사회주택 특히 자신들이 대표로 있는 사회주택 사업자가 지역관리기업에 우호적인 태도를 갖게 할 수 있다. 이를 통해 지역관리기업의 여러 활동이 공식적으로 인정받기도 한다. 또 지자체 의원들은 지역관리기업이 부정적 여론에 휩싸이지 않도록 돕고, 지역관리기업의 이사회와 총회에 적극적으로 참석함으로써 행사의 격을 높인다.

지역관리기업에 대한 지자체의 대표적인 지원으로는 공공 계약을 들 수 있다. 지자체가 지역관리기업과 체결하는 공공 계약은 인정과 신뢰의 표시일 뿐만 아니라 지역관리기업을 실제로 작동하게 한다.

지역관리기업과 지자체의 관계는 앞서 말한 이해관계와 상호작용 때문에 복잡해진다. 지역관리기업은 지자체 의원 또는 공무원과 소통하며 서로의 이해관계에 맞춰 쟁점을 논의할 수 있어야 한다. 지역관리기업과 일하고자 하는 지자체 의원들은 이미 관련 업체들과 일하고 있는 담당 부서와 갈등을 빚을 수 있다.

예를 들어 담당 부서의 책임자는 기존 업체를 신뢰하고 있는데, 지자체의 정책 방향을 결정하는 지자체 의원들은 지역관리기업을 통한 시민 참여가 더 중요하다고 생각할 수 있다. 이러한 인식의 차이를 극복하기 위해서는 서로 역할 분담을 잘해야 한다. 일반적으로는 지역관리기업의 대표가 시장이나 부시장과 협상을 하고, 실무책임자들이 담당 부서와 함께 이를 실행에 옮긴다. 그러나 가끔은 더 빠른 방법을 찾아야 할 때도 있다.

최근 지자체와의 계약에서 나타난 몇몇 민간단체들의 남용은 지자체 의원들의 강한 불신을 일으켰다. 이제 지자체 의원들은 신중한 태도를 보이며 민간단체 운영에서 중요한 직책을 맡지 않으려 한다. 이러한 문제를 어떻게 해결할 수 있을까?

먼저 지금까지 수많은 지역관리기업에서 지자체 의원에 의한 '위장 경영'이나 '직접적 이해 추구'가 없었다는 사실을 근거로 반박할 수 있다. 게다가 대부분의 지역관리기업은 누군가의 관심을 불러일으키기에는 재정 규모가 너무 작은 사업자들이다. 그러므로 만약 지자체가 지역관리기업의 대표를 맡아야 한다면, 시장보다는 부시장을 선임하기를 권한다. 반면 지자체 의원들이 이사회에 참여하는 것은 아무런 위험을 일으키지 않는다. 이사로 선임된 지자체 의원이 해당 지역에 거주한다면 더욱 좋다.

| 지역관리기업과 사회주택 사업자의 협력 |

지역관리기업을 도시 관리 사업자로 정의할 때 사회주택 사업자는 주요 파트너 중 하나다. 사회주택 사업자와의 계약은 지역관리기업의 주요 재원이며, 사회주택 사업자의 참여는 지역관리기업 운영에 꼭 필요하다. 지역관리기업과 사회주택 사업자의 협력 방식에는 다양한 형태가 있다.

일단 드문 일이지만 사회주택 사업자가 지역관리기업의 설립 주체인 경우가 있다. 이들은 종종 지역관리기업 전체를 제도적으로 통제하려 하며, 지역관리기업의 의사 결정에 관여한다. 또 지역관리기업 운영에 적극적으로 참여하고, 설립 및 초기 활동에 재정적 보조를 하며, 전폭적인 지원과 동시에 시의적절한 조언을 제공한다. 이들은 지역관리기업 운영에 있어 최대한의 개입을 추구하는 입장이다.

하지만 대부분의 사회주택 사업자는 이보다 소극적인 개입을 통해 지역관리기업의 운영이나 공식 회의에 참여한다. 이들 모두 정규 파트너라 할 수 있다. 이들과의 협력이 늘 쉬운 것은 아니다. 사회주택 사업자는 늘 완벽한 수준의 서비스 품질을 요구하는데, 가끔은 이것을 과도하게 요구하기도 한다. 지역관리기업 역시 스스로 높은 품질을 추구하지만, 다른 기업과 마찬가지로 충분한 수준에 도달하지 못하거나 일시적인 잘못을 범하기도 한다. 그러나 사회주택 사업자는 아주 작은 문제도 용납하지 않는 경향이 있으며, 더 나아가 일반 영리사업자보다 더 높은 수준을 요구하기도 한다.

사회주택 사업자의 입장에서 보면 지역관리기업은 자잘한 걱정을 덜어주는 편리한 공급자가 아니다. 발주자는 공급자가 문제 해결을 위한 서비스를 즉시 제공하기를 기대한다. 이때 발주자가 만족하지 못하면 다른 공급자를 찾으면 된다. 그러나 지역관리기업은 발주자에게 그 문제를 껴안고 살아가도록 만든다. 사회주택 사업자는 해당 지역에서 현재의 지역관리기업을 대체할 다른 기업을 찾을 수 없으므로, 지역관리기업의 업무 수행이 불완전할 경우 최초의 협정을 다시 확인시키는 수밖에 없다.

한편 지역관리기업과 거리를 두는 사회주택 사업자도 있다. 이들은 지역관리기업과 비정기적으로 만나서 의견을 나눈다. 계약을 체결하기도 하지만 깊게 관여하지는 않는다. 이사회에 참석하기도 하지만 발언 기회를 요구하지는 않는다. 이러한 사회주택 사업자에게는 사업 현황을 공유하며, 이들을 설득하고, 단순한 서비스 공급을 넘어 협력적 실천을 끌어낼 필요가 있다. 다시 말해 처음에는 기술적 측면의 서비스 공급으로 시작하지만, 기술적 측면과 사회적 측면과 정치적 측면이 서로 연결되는 현장으로 이들을 데려와야 한다. 예를 들면 사회주택의 유지 및 보수에 관한 이야기를 넘어 입주자들의 지급 능력, 공공질서, 입주자와의 대화에 관해 사회주택 사업자와 이야기를 나누어야 한다. 하지만 사회주택 사업자가 다양한 사람들(지소장, 관리원, 소장, 대표)로 구성되어 있어 소통이 쉽지 않다는 문제점이 있다.

이들은 같은 관점을 가지고 있지도 않고, 같은 수준의 책임감을 공유하고 있지도 않다. 이들은 지역관리기업의 서비스 공급이나 역할에 대해 늘 동의하는 것도 아니다. 지역관리기업과 사회주택 사업자의 협력은 다양한 수준에서 이들 모두와 함께 이루어져야 한다.

관리원은 지역관리기업이 일상적으로 상대하는 사회주택 사업 관계자이다. 처음 이들에게는 지역관리기업의 등장이 못마땅할 수 있다. '지역관리기업이 내 일자리를 위협하려 온 것은 아닐까?' 또는 '입주민과 지속적으로 만들어온 관계가 무너지지는 않을까?'라고 생각하면서 말이다. 그러나 시간이 지날수록 이러한 생각은 사라지게 된다. 지역관리기업에서 관리원을 상대하는 사람은 도시 관리에 관한 기본 서비스를 제공하는 기술 담당자 또는 안내 담당자다. 이들은 다양한 정보 공유와 개별 지원을 통해 관리원과 유익한 협력 관계를 맺는 것을 목표로 한다. 지역관리기업의 다른 직원들 역시 관리원들과 상대하게 되며, 그들과의 협력은 매우 중요하다.

서민임대주택HLM이나 다른 발주처의 지소장은 지역관리기업의 현장 기술 실무책임자 및 상임이사를 상대한다. 상임이사는 계약에 적시된 업무에 대한 정의와 해석에 집중하며, 현장 기술 실무책임자는 이를 위한 대책에 관해 이야기한다.

일반적으로는 지역관리기업의 상임이사가 사회주택 지소장과 교섭하고, 지역관리기업의 대표가 사회주택 대표와 교섭한다. 그러나 지역의 관행에 따라 이러한 역할이 바뀌기도 한다. 대부분의 민간조직에서는 상임이사가 계약을 진행하는 역할을 하며, 공공조직에서는 경우에 따라 계약에 대한 결정을 지소장과 대표가 나누어 진행하기도 한다. 서민임대주택 사무소는 대부분 지역의 주요 정치인들이 대표를 맡곤 하는데, 이들은 종종 시장이나 도의회 의장직을 맡고 있기도 하다. 그래서 동일 인물이 시장인 동시에 서민임대주택 대표를 맡는 경우도 찾아볼 수 있다. 반면 동일 인물이 아닌 경우에는 경쟁과 관계 설정 면에서 복잡한 문제가 생기기도 한다.

한편 사회주택 내부 운영 과정에서 또 다른 관계적 어려움이 나타나기도 한다. 보통 공급된 서비스의 평가를 담당하는 지소장은 비전형적이고 불편한 공급자인 지역관리기업과의 협력에서 제약적 역할을 하게 되지만, 사회주택의 실무책임자나 대표는 도덕적이며 전도유망한 파트너인 지역관리기업과의 장기적 협력을 긍정적으로 평가하곤 한다. 따라서 지역관리기업은 순수한 기술적 담론에만 자신을 가둬놓아서는 안 된다. 항상 더욱 일반적이고 정치적인 수준으로 토론을 발전시키거나, 적어도 사회적 평가 및 경제적 평가 기준을 동시에 마련해야 한다. 또 사회주택이 자체적으로 지역관리기업에 관한 담론을 만들어내고 전파하도록 신경을 쓰는 것도 지역관리기업의 역할이다.

지역관리기업의 책임자들은 사회주택 사업자에게 존재감을 드러내기 위해 노력해야 한다. 사회주택 사업자는 지역관리기업과 협력함으로써 지역 주민을 상대로 이미지 개선 효과를 누린다. 지역관리기업과의 협력은 사회주택 사업자들이 입주자들의 사회적 상황에 대해 진정성을 가지고 바라보고 있다는 것을 보여준다. 또 임대 수입으로 발생한 부를 재분배하고 있음을 보여주는 것이기도 하다. 지역사회에 뿌리내린 기업과 함께 일함으로써, 사회주택 사업자는 자신의 지역을 이전보다 잘 알고 이해하는 기회를 얻게 된다. 마지막으로 지역관리기업에 대한 사회주택 사업자의 참여는 새로운 도시 정책의 도입 또는 의미 있는 보완으로 이어질 수 있다.

집합적 형태의 사업 발주자에는 사회주택 사업자뿐만 아니라 주택 소유자도 포함된다. 풍요의 시대가 급작스럽게 마감되면서 주택을 소유한 일부 사회계층은 빈곤의 나락으로 떨어졌다. 집합 주택단지를 관리해야 하는 공동주택 소유자들은 어려운 상황에 부닥치게 되었고, 더 나아가 파산에 이르게 되었다. 대도시 외곽 지역에서는 공동주택 소유자들이 협력적 방식으로 자신들의 자산 관리를 도울 수 있는 사업 실행자를 찾고 있다. 이러한 집합적 주체들은 서민임대주택과 같은 구역에 있으므로, 이들도 지역관리기업 구성에 크게 이바지할 수 있다. 공동주택 소유자들은 자신들의 관리 사무소를 통해 지역관리기업의 적극적인 파트너 중 하나가 된다.

| 입찰 계약 방식 |

2002년 1월 1일부터 실행된 공공시장에 관한 법률은 새로운 할당 규칙, 새로운 금액, 새로운 계산 방식 등 입찰 계약 규칙들을 여러 가지 방식으로 바꾸어 놓았다. 여기에 덧붙여 일부 입찰 계약은 발주자에게 유리하게 허용되었다. 특히 지역관리기업이 제공하는 서비스의 특수성 및 지역관리기업과 발주자 사이의 관계가 적절하게 반영되었다. 오늘날 지역관리기업과 발주자를 연결하는 계약 방식에는 몇 가지가 존재하며, 이들은 각기 다른 이점이 있다. 이들은 계약 금액에 따라 다르게 적용되며, 진행 방식 역시 다르게 설계되어 있다. 이러한 방식들을 좀 더 상세히 검토해 보자.

지역관리기업, 사회관계를 엮다

협정

협정conventionnemen은 비경쟁 부문에 비영리 민간단체가 개입할 때 이루어지는 방식이다. 지역관리기업들은 영리 추구를 목적으로 하지 않고, 기술적 차원과 사회적 차원을 연결하는 서비스를 제공하면서 이론적으로는 아무런 경쟁 상대를 갖지 않는다는 점에서 원칙적으로 이 두 조건을 충족한다. 서비스 제공은 민간단체가 담당하고자 하는 지역, 예를 들어 지역관리기업의 경우 정관에 명시된 지역에서 이루어져야 한다. 협정은 쌍방간 동의로 맺어진다. 이러한 입찰 방식의 장점은 기본적으로 금액의 제한을 받지 않는다는 것이다. 협정의 목적을 달성하기 위해서는 비상업적 형태로 보이는 각각의 기여들에 대해 발주자가 동의해야 한다. 예를 들어 재무적 기여는 사례금이나 구매 금액이 아니라, '보고서'에 대한 승인 이후 지급되는 보조금 형태로 이루어진다. 하지만 사회주택 사업자의 경우, 상당한 규모의 계약에 대해 보조금 방식으로 지급하는 것이 불편하다는 이유로 협정이라는 방식을 거의 이용하지 않는다.

사회 서비스 및 직업 관련 노동통합을 위한 공공시장

이것은 일종의 외주 계약 방식으로 보건 복지 서비스 공급과 관련된다. 이들 서비스는 공공시장 방식으로 제공되지만 특정한 절차를 따라야 한다. 계약법에 따르면, 다양한 서비스 가운데 보건 복지 서비스, 안내 서비스, 시설 보호 서비스, 재활 서비스, 돌봄 서비스, 고령자를 위한 도우미 서비스, 직업훈련 서비스 및 직업 관련 노동통합 서비스는 상한액 제한과 경쟁을 적용하지 않으며, 계약 체결 통보를 공시하는 의무만을 따르게 된다.

경쟁입찰

경쟁입찰은 예외적인 경우를 제외하면 20만 유로(부가세 미포함)를 넘을 때부터 의무적으로 적용되며, 법률이 매우 엄격해졌다. 이는 경쟁 부문의 상업적 서비스 제공과 관련된 대형 규모 계약에서는 일상화된 절차다. 경쟁입찰은 발주자가 낙찰자, 즉 입찰 후보자 중 입찰 규정서에 가장 부합하는 제안을 한 후보자를 선정하는 방식이다. 낙찰자와 관련된 사회적 기준은 법적인 의미에서는 선택 기준으로 인정받지 못하지만, 계약의 실행에서는 선택 기준이 될 수 있다.

경쟁입찰은 지역관리기업의 입장에서 두 가지 불리한 점이 있는데, 이는 지역관리기업이 이 방식을 될 수 있으면 피하고자 하는 이유를 설명해준다. 먼저 경쟁입찰 방식은 지역관리기업이 일반 기업과 경쟁하게 만든다. 일반 기업들은 기술 서비스에 통합된 사회적 서비스를 제공하지도 않고, 당연히 근린 서비스와 노동통합, 장기적 관점에서의 사회관계 창출 및 시민의 책임 의식 등에 관한 서비스를 제공하지 않는다는 점에서 지역관리기업과 완전히 다르다. 더욱이 지역관리기업의 경쟁자들은 거친 방법으로 가격을 낮출 수 있다. 이로 인해 인사관리와 이민자에 대한 지역관리기업의 방침은 일상적으로 압박을 받게 된다. 결국 직업윤리라는 관점에서 지역관리기업의 고유한 특징이 사라진다. 경쟁입찰 방식과 관련하여 또 다른 불리한 점은 질적인 차원의 문제다. 즉, 경쟁입찰 방식은 낙찰자를 선정하기 전에 수요자와 공급자 사이의 만남을 허용하지 않는다. 이는 사전 조정과 상호 이해, 건설적인 합의 과정을 배제하게 만든다.

발주자는 경쟁입찰 내용에 사회적 차원을 명백하게 포함함으로써 새로운 방식의 경쟁을 도입할 수도 있다. 하지만 이 방식은 입찰자가 경쟁입찰에 포함된 사회적 차원을 외주 용역으로 처리하는 방식으로 발전시킬 위험성이 있다.

제한적 경쟁입찰

제한적 경쟁입찰은 9만~20만 유로(부가세 미포함) 규모 계약에 적용된다. 이 경우에는 가장 흥미로운 제안을 한 단수 또는 복수의 입찰자와 발주자 사이에 사전 협의를 통한 협상이 가능하다. 공개 경쟁입찰 공고에 사회적이고 질적인 차원을 포함한다는 점에서, 이 방식은 지역관리기업의 특수성을 고려하고 관계를 조정할 수 있으므로 매력적이다.

수의계약

수의계약 절차는 발주자가 몇몇 공급자들과 협의할 수 있고, 이들 중 몇몇과 계약 조건을 협상할 수 있게 해준다. 긴급한 사안이거나 반복적 서비스의 공급, 기술적 문제 등의 이유로 입찰 계약 공고를 하지 않는 경우가 있다. 이때 발주자는 단수 또는 복수의 공급자와 계약 조건을 협상한다. 이 모든 절차는 입찰관리위원회Commision d'appel d'offres로부터 승인을 얻어야 한다. 지역관리기업의 입장에서 수의계약은 여유 있게 재정적 수익 문제를 다룰 수 있다는 점 이외에도, 계약 주체가 서로 수요와 공급을 조절할 수 있다는 장점이 있다. 이를 위해서는 서로 오해를 방지하고, 상호 신뢰를 쌓으며, 동의 조건을 명확하게 하는 실질적 협상이 필요하다.

지역관리기업과 발주자 사이의 다양한 계약 방식과 더불어, 발주자는 지역관리기업에 자신을 대신하여 특정 활동을 수행시킬 수 있다는 이점을 가진다. 예를 들어 사회주택 사업자나 공사 혼성 자본회사société d'économie mixte는 취약 지역으로 선정된 곳에서 인구의 유입, 공동주택 또는 공동 공간의 유지 관리 개선, 사회관계 복원을 목적으로 하는 참여 활동을 발전시키면 토지 보유세 30% 감면 혜택을 받을 수 있다. 2001년 10월 관련 공문은 지역관리기업과 사회주택 사업자가 사회정책에 부응하며 계약을 맺는 다양한 방법을 명시하고 있다.

지역관리기업 서비스 공급과 관련된 다양한 상업적 계약 방식을 소개하는 것을 넘어서, 이 계약 방식에서 관철되는 일반 원칙을 강조할 필요가 있다. 계약 관계 해석에 대한 공고함과 유연성을 결정하는 것은 계약 형태 그 자체를 넘어선 발주자와 지역관리기업 간 관계의 질이다. 이 관계의 질은 계약 초반에 지역관리기업이 수행하는 작업에 달려있다. 발주자가 진정으로 지역관리기업과 함께 일하고자 한다면, 언제나 가장 편한 방법을 찾을 수 있고 토론하며 적응할 수 있다. 그러나 만약 발주자가 이를 원하지 않거나 주저한다면, 지역관리기업 측에서 더 나은 방법을 제안해야 한다.

| 민간단체 네크워크와의 관계 |

프랑스에는 스포츠 단체, 문화단체, 교육 훈련 단체, 입주자 단체, 생활 관련 단체 등 매우 풍부한 민간단체 네트워크가 존재한다. 이들 사이에서 합의는 늘 쉬운 일이 아니다. 개별적 방식이든 집합적 방식이든 민간단체들은 저마다의 리더십과 창조력, 문화적 다양성을 통해 대중을 설득하고 조직하려는 의지를 갖고 있다. 실무자에게 있어 지역 민간단체 시스템이 갖는 역동성은 대중을 움직이고 말하게 하는 능력에 대한 중요한 지표 중 하나다. 전통적으로 프랑스의 민간단체 네트워크는 민주주의의 보조축으로서 광범위하게 이해된다. 따라서 지역관리기업도 민간단체와 협력하는 법을 알아야 한다.

지역관리기업이 설립될 때, 민간단체들은 자신들의 관점을 제안하고 새로운 민간단체로서 지역관리기업의 출발에 이바지하도록 요청받는다. 지역관리기업은 이러한 과정에서 점차 민간단체 체계에 통합되는데, 그 방법은 여러 가지다.

먼저, 민간단체 일부가 지역관리기업의 운영에 도움을 줄 수 있다. 어떤 민간단체는 지도부의 일원이 되기도 한다. 어떤 단체들은 든든한 파트너가 되기도 한다. 또 다른 민간단체들은 일시적인 파트너가 된다. 이들 모두 해당 지역 주민들의 의지가 조직된 형태로 표현되는 것이라 할 수 있다. 반대로 지역에 잘 자리 잡은 지역관리기업은 자연스럽게 민간단체들의 활동을 조정하는 역할을 요청받게 된다.

| 사회문제 개입 네트워크와의 관계 |

국가, 지자체, 자선단체 그리고 기업은 오래전부터 취약 지역에 대한 긴급한 개입이 필요함을 인식하고 있었다. 교외 지역에서 사회문제 개입 네트워크는 매우 조밀하게 구성되어 있다. 이들의 사회적 개입은 부족하기보다는 과잉 상태인 편이다. 마을회관, 사회복지사, 청소년범죄예방클럽, 사회문화센터, 청년 사회경제통합 지원센터, 스포츠 지도자 모임, 청년 노동자를 위한 공동 숙소, 중소기업 등 관련 단체들이 증가하면서 전체적인 네트워크 파악도 어려워졌다. 이러한 사회문제 개입 네트워크 체계와 민간단체 체계 간의 경계를 찾기란 쉽지 않다. 예를 들어, 청년 사회경제통합 지원센터는 1901년 결사체법에 따른 민간단체이지만 공공서비스 수행 기관이기도 하다. 외국인 지원 단체도 자신들의 활동 영역을 지역 아동의 방과 후 활동 지도로 확장할 수 있다. 이러한 경계의 불명확성에도 불구하고, 사회문제 개입 네트워크의 구성 단체들은 저마다의 활동과 지원 내용을 통해 서로 다른 역할을 수행하게 된다.

이러한 상황에서 지역관리기업은 자연스럽게 자신의 자리를 찾아가게 된다. 지역관리기업은 보통의 지역 단체들과 달리 복합적인 특성이 있으며, 이로 인해 나름의 고유한 역할을 한다. 첫째, 지역관리기업은 지역의 행위 주체로서 해당 지역의 논리를 바탕으로 자신의 개입 내용을 정의한다. 둘째, 지역관리기업은 지자체를 상대로 하는 전문적 서비스 공급 주체로서 자신의 서비스 공급을 구체적이고 가시적이며 필수 불가결한 것으로 만들어낸다. 셋째, 지역관리기업은 지역민주주의의 중계자로서 지역 주민의 목소리가 예외 없이 반영되도록 한다. 지역관리기업은 이러한 역할을 통해 일정한 상황과 조건 속에서 지역 내 사회문제 개입을 하나로 통합한다. 이러한 역할은 지역관리기업에 당연히 부과되는 것이 아니라 지역관리기업 스스로 만들어야 한다. 앞서 언급한 바와 같이, 이미 과잉 상태인 사회적 개입 시스템의 단점 중 하나가 바로 조정의 부재다. 이 지점에 지역관리기업이 개입할 수 있다.

지역관리기업은 지역적 정체성을 갖고 있다는 점에서 지역 프로젝트를 이끌 수 있는 가장 탁월한 주체라 할 수 있다. 그렇다면 지역 프로젝트란 무엇일까? 이것은 일종의 공식 프로젝트로서 대부분의 지역 주체들은 이러한 지역 프로젝트의 논리에 따라 작동된다. 한편 아무도 그렇게 부르지 않지만 사실상 지역 프로젝트로 존재하는 경우도 있다. 이 경우 프로젝트는 더욱 구체화될 필요가 있다. 지역 프로젝트는 다음과 같은 단계별 특징이 있다.

먼저 지역 프로젝트는 지역 상황에 관한 분석을 바탕으로 한다. 이를 위해서는 지역의 강점과 약점, 주민과 경제활동, 다양한 지원과 제도적 주체와 같은 지역의 자원 목록을 만들어야 한다.

지역 프로젝트는 이러한 분석 내용을 바탕으로 지역을 아우르는 특별한 역동성을 끌어낼 수 있다. 이러한 분석이 공식화되면 이를 공유된 진단이라고 부른다.

그다음 단계에서 지역 프로젝트는 다양한 지역 주체들의 의도와 이해관계 사이에서 충돌을 일으키게 된다. 이는 이들 모두가 서로 부딪치며 지역의 장기 목표를 구상하고 이야기할 좋은 기회다.

세 번째 단계에서 지역 프로젝트는 지역을 바꾸는 데 필요한 구체적인 활동 방법과 아이디어를 제안할 수 있다. 이것은 앞으로의 구체적인 실행 방법에 대한 성찰의 기회이기도 하다.

마지막으로 지역 프로젝트는 비용 차원에서 계산되고, 일정에 따라 활동이 조직될 수 있으며, 목표에 따라 역할이 배분되고 임무가 조율될 수 있다. 마지막 단계는 지금까지 진행된 과정에 대한 평가를 바탕으로 한다. 이러한 프로젝트가 상황에 맞춰 적응하고 진화하는 것은 당연하다. 이처럼 지역 프로젝트가 공식화되는 과정을 통해 지역 주체들은 단순한 아이디어에서 의지로, 의지에서 행동으로 나아가게 된다. 지역관리기업은 특정한 지역을 중심으로 활동하는 주체로서 다른 주체들과 함께 지역 프로젝트를 조율할 수 있는 능력을 갖추고 있다. 예를 들면 지역 소식지나 토론회 등을 이용하여 지역 주체들과 관련 현황을 공유하고, 지역 프로젝트의 구성 요소들을 함께 만들어간다.

| 정부 공공서비스와의 관계 |

일반적으로 정부가 제공하는 공공서비스는 전부 같을 거라고 생각한다. 실제로 정부 공공서비스는 모두에게 같은 방식으로 적용되어야 하는 정부의 정책 도구들이다. 하지만 현실은 그렇지 않다. 이에 대해 좀 더 자세히 살펴보자.

지역관리기업의 운영과 관련된 정부 공공서비스에는 고용 관련 서비스와 사회복지 서비스가 있다. 여기에 경찰, 사법, 교육, 시설 보호 및 다른 서비스들도 포함시킬 수 있다. 고용 관련 서비스와 사회복지 서비스는 지역관리기업과 직접적인 관련이 있다. 사회복지 서비스와 관련해서는 사회정책총괄국DGAS이 있고, 노동 서비스와 관련해서는 지역노동고용직업훈련국이 있다. 더 정확하게 말하면, 사회복지 관련 지역 서비스는 국가가 아닌 지역의회의 소관이며, 지역마다 다른 명칭을 가지고 있다. 어떤 곳에서는 사회복지국이라고 하고, 다른 곳에서는 연대사무소direction de la solidarité라고 한다. 이러한 서비스들은 서로 다른 논리를 따른다. 고용정책의 수단과 관련해서는 고용안정센터Agence nationale pour l'emploi와 청년 사회경제통합 지원센터가 서로 다른 지위를 가지고 있다. 고용안정센터는 국가기관이지만, 청년 사회경제통합 지원센터는 청년 일자리 관련 공공서비스 업무를 수행하는 민간단체다.

정부의 개입 논리는 언제나 수직적이며, 관리와 통제 방식으로 운영된다. 행정은 정부 관리 방식의 하나로서, 실제로는 위계적 구조와 세분된 항목으로 이루어진 서류들로 구성된다. 그래서 지역관리기업은 대개 여기에 포함되지 않는다. 정부가 지역관리기업과의 협약을 통해 그들의 위계적 사고 안에서 지역관리기업을 다소간 인정해주지만, 그것만으로는 충분하지 않은 게 사실이다.

그러나 지역에 대한 개입 논리는 수직적이어서는 안 되며, 위계적인 형태와는 어울리지 않는다. 지역의 논리는 수평적이고 포괄적이어야 하며, 파트너십이 가장 중요하다. 이러한 과정에서 정부 행정은 지역의 논리와 충돌하게 되며, 이 과정에서 현장의 요구를 반영하기 위해 노력해야 한다. 이때 필요한 것은 정부의 공공서비스를 현장의 파트너십으로 연결하는 것이다. 이것이 어떻게 가능할까?

첫째, 지역의 협력 관계에 정부 관료나 지자체 의원들의 참여를 권고하고, 이를 위해 법에 명시된 관련 내용을 적용하는 것이다. 이들은 자기 분야를 잘 알고 있으며, 이들의 적극적 참여를 끌어내기 위해서는 이들에게 부단히 요청해야 한다.

둘째, 상호 이해와 인정을 얻기 위해 직급이나 기능보다는 사람 그 자체에 바탕을 두는 것이다. 그렇다고 그들의 기능이나 위계 상 위치가 부정되는 것은 아니다. 파트너십 시스템은 각 주체의 개입 능력에 기반해야 한다. 그러나 공공서비스나 정부 기관의 사명에 따른 실행 능력은 활용 가능성, 관계의 질, 상상력, 선의, 민감도 그리고 각자가 갖는 해석의 자유 등에 상당 부분 의존한다. 어떤 곳에서는 정부 관료나 지자체 의원들에게 더 의지하지만, 다른 곳에서는 고용안정센터의 센터장에게 더 의지할 수 있다. 어떤 지역의 청년 사회경제통합 지원센터 센터장은 현장을 선호하지만, 다른 지역의 센터장은 통계와 도표를 통한 분석을 선호할 수 있다. 이때 중요한 것은 건전한 상식이며, 이를 토대로 함께할 사람을 찾아야 한다.

셋째, 교환 방식으로 운영하는 것이다. 정부 기관의 책임자는 단지 공공서비스를 제공하고 관리하기 위해서만 존재하는 것이 아니다. 그는 자신이 담당하는 어려운 임무를 누군가에게 맡길 줄도 알아야 한다. 지역관리기업은 비록 그 존재감이 크지 않지만, 자신들에게 맡겨진 사명을 달성하는 과정에서 행정을 돕고, 지원하고, 자극할 수 있다. 지역관리기업이 이러한 활동을 점점 더 늘려가고 있는데도, 공공서비스 기관들은 아직 이를 적절하게 정식화하지 못하고 있다. 지역관리기업은 자신들이 좋은 파트너십 형성을 위해 활용될 수 있음을 행정에 알려야 한다. 또 자신을 소개하고 활동 내용을 알리기 위해 주저하지 말고 사회복지국이나 지역노동고용직업훈련국과 같은 행정기관의 문을 두드려야 한다. 지역관리기업은 이러한 협력 관계를 주도적으로

지역관리기업, 사회관계를 엮다

끌어낼 수 있다.

일반적으로 제한적인 지역 범위에서 각 주체는 다른 주체들의 사명과 연결된다. 각 주체는 서로 상대방을 알고 이해해야 하며, 모든 사명은 일정한 수준에서 공동의 목적으로 수렴된다. 정부 정책의 원칙이 이러하다. 지역관리기업은 활동 영역의 경계를 넘어서는 논리에 따라 작동하기 때문에 이러한 정책에 더욱 쉽게 통합될 수 있다. 정부 정책의 수단으로 이용되지 않는다는 조건 아래, 지역관리기업들은 효과적으로 서비스를 제공할 수 있다.

넷째, 공공 재원 조달의 감소를 고려해야 한다. 국가의 자원이든 지자체의 자원이든 전반적으로 모두 감소하는 추세다. 공공 지출을 늘리는 것이 더 불가능한 상황이기 때문에, 균형 회복 원칙에 의해서만 재정을 조달할 수 있다. 달리 말해, 피에르의 옷을 입혀주기 위해서는 폴의 옷을 벗겨야 하고, 이러한 각각의 행위를 정당화할 수 있어야 한다. 그리고 행정기관은 재정을 조달하기 위해서만 존재하는 것이 아니다. 행정기관은 상징적 주체, 잠재적 지휘자 그리고 가능성 있는 재정 조달자로 보는 편이 좋다. 또 지역관리기업은 운영비가 늘 필요하지만, 행정기관은 대부분 운영비를 지원하기 어렵다는 점도 염두에 두어야 한다.

| 어떻게 상승효과를 만들어낼 것인가? |

상승효과는 현장의 주체들이 사용하는 마법의 용어다. 이것은 함께 행동하기를 촉구하며, 에너지를 만들어낸다. 상승효과는 지역 주체들을 같은 방향으로 나아가게 하는 기술이다. 하지만 이러한 기술이 자연스럽게 만들어지는 것은 아니다. 언어와 의지의 차이, 치열한 경쟁은 언제든 나타날 수 있다. 상승효과는 수단인 동시에 목적이며, 다른 모든 마법의 용어처럼, 남용하게 되면 그 의미가 사라진다. 그러므로 이에 대한 몇 가지 원칙을 살펴보자.

첫째, 현장 상황에 가능한 한 밀착해야 한다. 이는 원리 원칙을 전면에 내세우는 게 아니라 지역의 주체로서 지역 주민의 기본적인 문제에 초점을 맞춘다는 뜻이다. 지역 주민의 일상에 가까워질수록, 더 빨리 동의를 끌어낼 수 있다. 사람들이 자신을 표현할 수 있게 될수록, 공동의 방향으로 나아가는 일이 더욱 분명하고 쉬워진다.

둘째, 구체적으로 행동해야 한다. 일반적으로 추상적인 아이디어는 사람들을 갈라놓지만, 구체적인 행동은 사람들을 모이게 한다. 지자체 의원, 사회복지사, 기업 대표, 지역 주민, 민간단체, 지역 공무원들이 추상적인 아이디어에 관한 토론에 머물러 있으면 서로 이해하기 어려워진다. 같은 용어, 심지어 일상용어라 하더라도 늘 같은 의미가 아니며 모두에게 같은 영향을 미치지 않는다. 이러한 차이를 줄이기 위해서는 구체적 행동에 들어가면 된다. 갈등이 있다 하더라도, 실제적 문제에 관해 토론할 때는 합의가 훨씬 쉬워진다.

그렇다고 해서 제기된 문제를 공적으로 다루는 것 자체를 피해야 한다거나, 토론과 논쟁을 회피해야 한다는 뜻은 아니다. 나아가 원칙들을 가벼이 여기자는 것도 아니다. 다만 오해가 생기고 긴장이 조성될 때, "무엇을 하는 거지?" "그걸 어떻게 하는 거지?" "언제 누구와 하는 거지?"와 같은 질문을 통해 논쟁을 실천적 차원으로 이끌어가야 한다. 특히 노동이나 주거, 소음과 같이 민감한 문제들이라면 더욱 그러하다.

한편 지자체의 집권 여당이 바뀌거나 지역관리기업이 여러 지자체에 걸쳐 일할 때, 지역관리기업의 실천과 지자체의 정책 사이에 간극이 발생할 수 있다. 민감한 상황일 수 있지만, 그렇다고 극복하지 못할 상황도 아니다. 지역관리기업은 실천적 목표를 통해 이러한 간극을 좁히고, 대화를 끌어내며, 기본적 양식을 받아들여야 한다.

4
...

서비스 공급

지역관리기업의 서비스 공급은 기본 서비스(청소, 관리, 도시환경 미화,
치안 유지)와 선택 서비스(건물 개보수, 이웃 관계 서비스, 중재)로 나뉜다.
지역관리기업은 이러한 서비스 전체를 어떻게 종합적으로 운영할까?
지역관리기업의 노동통합 서비스와 사회관계 서비스의 특징은 무엇일까?
이러한 서비스 공급은 어떻게 판매되고 누가 구매할까?

자원봉사나 무료로 진행되는 것을 제외하면, 서비스 공급은 지
역관리기업의 상품이라 할 수 있다. 제공하는 것을 넘어 판매하
는 것이다. 따라서 서비스 공급은 지역관리기업이 갖는 기업으
로서의 성격을 보여준다. 서비스 공급과 판매에 정당성을 부여
하는 표현으로 "지역관리기업은 하나의 온전한 기업"이라는 말
이 종종 사용된다. 이는 지역관리기업 스스로가 주장하는 표현
이기도 하다. 논의를 이어가기 위해, 먼저 기업이 무엇인지 정리
해보자. 다양한 종류의 기업이 있고, 이들 각각은 매우 다른 특징
과 수단, 차원, 조직화, 재정 조달 및 인력 운용 방법을 가지고 있

<u>으므로</u> 지역관리기업을 그중 하나로 보는 것은 정당해 보인다.

신자유주의 경제 체제 이후, 기업은 돈을 벌기 위해 사람들을 조직하는 방식 그 자체로 간주되어 왔다. 이러한 개념 정의에 따르면, 지역관리기업은 기업이 아니며 기업이 될 수도 없다. 하지만 많은 중소기업의 대표들도 이러한 개념 정의에 반대할 것이다. 그들은 기업가로서 자신의 사명이 가족을 먹여 살리고, 자신의 직업의식을 실천하는 것이라 이야기할 것이다. 이러한 관점에서 보면 지역관리기업은 하나의 기업이다. 더 정확히 말하면, 지역관리기업은 자신의 목표를 달성하기 위해 기업의 지위를 이용하는 민간단체다. 물론 이러한 표현이 지역관리기업이 공급하는 서비스 전체의 복잡성을 설명해주지는 않는다.

기업entreprise은 '일을 벌이는entreprendre 행위' 안으로 들어가는 것으로, 달리 말해 모험을 시작한다는 뜻이다. 이러한 의미에서 지역관리기업은 다양한 서비스를 공급함으로써 자신을 실현하는 기업이다. '일을 벌이는 행위'라는 개념 정의는 매력적이다. 그러나 일을 벌이는 행위는 사회, 정치, 문화, 스포츠, 종교 단체 등이 제안하는 서비스, 특히 교환 방식을 거치지 않고서도 자족적으로 이루어지는 서비스들을 포함한다. 기업은 이러한 서비스를 제공할 수 있다는 사실 자체에 만족할 수 없으며, 이를 판매해야 한다.

경영 개념을 선호하는 사람들은 기업entreprise보다 조직organisation

이라는 표현을 쓴다. 조직은 기업에 대한 무거운 개념 정의를 피할 수 있는 실천적 개념이다. 조직은 지속적이고 구조화되어 있으며 목적성이 있는 모든 인적 집합체를 정의하기 위해 사용된다. 실제로 지속적이고 구조화되어 있으며 목적성이 있는 모든 인적 집합체는 경영, 재원 조달, 내적 일관성, 지휘, 소통, 전망 등의 문제와 직면한다. 지자체, 요구르트 제조장, 자동차 공장, 교회, 입주자 권익 보호 단체, 자연공원, 정부 부처, 정당, 병원 그리고 군대 등은 모두 저마다의 존재 이유를 가지고 지속되는 조직이다. 마찬가지로 지역관리기업도 하나의 조직이다. 조직이라는 정의는 지역관리기업도 재정적 현실, 추동력과 지휘, 외부의 이해 및 커뮤니케이션, 내적 일관성, 주변 환경에 대한 적응 등 조직, 경영, 관리 문제에 직면해야 함을 뜻한다. 이때 조직 개념은 지역관리기업이 현실 원칙에 부닥치고 은행 시스템이나 경영 규칙, 노동법 등의 적용을 받을 때 참조 모델이 된다.

이제 상업적인 측면을 살펴보자. 실제로 지역관리기업은 생산과 판매를 하며, 상업 영역에서 활동한다. 그러나 지역관리기업의 목적은 이윤을 실현하는 게 아니라 관계를 만드는 것이다. 이는 모든 인적 교환을 통해 이윤의 기회를 만들어낸다는 전통적 상업의 개념 정의와는 다르지만, 상업의 본질적인 개념에 더욱 가깝다. 한마디로 사람들이 만나고 교환하고 협상해야 하므로, 서로를 알고 이해하고 조화롭게 같은 공간을 공유하는 법을

지역관리기업, 사회관계를 엮다

배우게 된다는 것이다. 지역관리기업이 이러한 원칙을 만들지는
않았지만, 그들은 이를 소박하고도 효율적인 방식으로 실천해낸
다. 상업의 선순환은 지역관리기업의 파트너들을 통해 촉진되
며, 지속적 활동을 통해 마을 주민을 일의 세계로 통합하고, 일을
마을로, 마을을 도시로 점차 재통합한다. 지역관리기업의 서비
스는 이러한 상업의 선순환을 강화한다.

| 물질적 서비스 |

지역관리기업은 매우 다양한 서비스를 공급하는데, 그래서
가끔은 온갖 잡다한 일들에 둘러싸인 것처럼 보이기도 한다. 지
역관리기업의 주요 활동으로는 세탁, 다림질, 식당, 정원 관리,
청소, 수선, 공공질서 관리, 학교 보조, 교육, 반려견 훈련, 재활용,
폐기물 분리, 환경 감시 등이 있으며, 여기에 공간의 특수성에 입
각한 서비스, 한 사람의 창의력을 보여주는 서비스, 특정 상황에
서 발견되는 결핍을 채우기 위한 서비스 등 수많은 활동을 추가
할 수 있다.

이러한 서비스 중 일부는 도시의 유지 관리, 환경 미화, 청소
및 경비 등 지역관리기업의 기본 사명과 연결된다. 기본 사명은
일종의 '전통적' 서비스로서 지역관리기업의 정체성을 확인시

킨다. 지역관리기업의 기본적인 평판과 신뢰는 이러한 서비스에 관해 품질을 인정받는 것에서 시작된다. 보완적 또는 선택적 서비스와 달리, 도시의 유지 관리에 관한 서비스는 지역관리기업 정체성의 핵심이다.

전통적 서비스

전통적 서비스는 이중적 성격을 지닌다. 우선 이 서비스는 가시적이고 구체적이며 측정 가능한 기술적 차원의 생산품으로, 청소와 환경 미화 그리고 유지 관리 등의 업무가 여기에 포함된다. 그러나 이 서비스가 지역관리기업의 직원인 지역 주민에 의해 공급된다는 점 때문에 또 다른 성격이 부여된다. 사업이 구체적으로 수행되는 순간에 실현되는 사회관계는 지역관리기업의 서비스를 특별하게 만든다. 같은 업무 또는 행위라 하더라도 일반 기업의 직원이 하느냐 노동통합의 대상이자 지역 주민인 지역관리기업 직원이 하느냐에 따라 전혀 다른 의미와 효과가 나타난다. 지역 주민에게 지역관리기업의 직원은 이웃인 동시에 지인, 그리고 '마을의' 누군가이기 때문이다.

하지만 모든 서비스가 같은 방식으로 사회관계를 만들어내지는 않는다. 어떤 서비스가 사회관계를 끌어내려면, 몇 가지 특징을 가져야 한다. 첫째, 공급되는 서비스가 사회적으로 유용한 것

지역관리기업, 사회관계를 엮다

이어야 한다. 사람들이 공유하는 가치 시스템에 따라 다양한 의미를 갖게 되는 사회적 유용성은 지역관리기업에서 자주 토론되는 주제 중 하나다(존엄성을 지키는 것, 활동을 확대하는 것, 연대를 만들어내는 것, 주변화를 벗어나는 것, 급여를 담보하는 것 등). 둘째, 공급되는 서비스가 가시적이어야 한다. 확인할 수 있고, 그 결과를 측정할 수 있어야 한다. 셋째, 확인된 유용성을 통해 서비스 공급자와 수혜자를 연결해야 한다. 지역관리기업의 모든 서비스는 다양한 방식으로 기술적 차원과 사회적 차원을 통합한다. 전통적 서비스 또는 기본적 서비스는 사회적으로 유용하고 가시적인 실행을 통해 사회관계를 가장 잘 엮어내고 만들어낸다.

청소 및 환경 미화

청소 서비스는 단순한 것에서부터 복잡한 것에 이르기까지 다양하다. 실내 공간에서 이루어지는 것도 있고, 외부 공간에서 이루어지는 것도 있으며, 정기적으로 이루어지기도 하고, 비정기적으로 이루어지기도 한다. 어떤 경우에는 중장비와 기계로 된 도구가 필요하지만, 어떤 경우에는 빗자루와 걸레만으로 충분하다.

지역관리기업이 초기에 요구받는 주문은 대부분 임대주택의 공동 구역이나 인도, 주차 공간, 광장, 계단, 잔디밭을 포함한 도로 구역에 대한 청소 서비스다. 이러한 서비스는 대단한 전문성이 필요하지 않다. 기술이 없는 주민도 약간의 상식과 잘 작성된 작업 지시서만 있으면 정확하게 업무를 수행할 수 있다. 하지만 몇 가지 주의해야 할 사항이 있다.

첫째, 청소 업무 자체는 높은 기술력이 필요 없지만, 일정한 수준의 직업의식이 필요하다. 예를 들어 청소 담당자는 종종 현장에서 혼자 작업하기 때문에 청소를 하지 않고도 한 것처럼 꾸미기 쉽다. 둘째, 청소는 신속성과 정확성 그리고 효율성이 필요하다. 일반적으로 발주자가 정확한 보상 계산표와 제한적인 생산성 참조 지표를 이용하기 때문에, 일반 청소 업체는 이러한 기준에 따라 직원에게 청소 업무를 부여한다. 그런데 지역관리기업의 경우, 이러한 근무 조건을 오랫동안 일을 하지 않았거나 실존적 문제를 가지고 있는 사람들에게 부과하기란 쉽지 않다. 하지만 청소 서비스는 지역관리기업의 활동 중에서 가장 가시성이 높은 것이다. 실제로 주민에 의한 주거 지역 청소는 가장 확실한 선순환을 일으킨다. 지역관리기업 직원들의 청소 서비스가 눈에 띄게 되면, 마을공동체의 다른 주민에게도 영향을 미친다.

환경 미화는 청소의 연장선이다. 여기에는 폐기물 배출이라는 일상적인 업무도 포함된다. 일반적으로 공동주택 정식 관리원에게 부여되는 업무인 환경 미화는 청소 업무의 일환으로 지역관리기업에 위탁될 수 있다. 이는 청소 서비스와 같이 낮은 수준의 전문 능력을 필요로 하며, 비슷한 결점과 어려움을 갖고 있

지역관리기업, 사회관계를 엮다

다. 마찬가지로 마을공동체의 선순환을 돕는다.

유지 관리

일반적으로 유지 관리 업무는 공동주택 관리원의 역할이지만, 지역관리기업도 이 역할을 보완할 수 있다. 보통 발주자는 공동주택 관리원이나 지역관리기업 또는 다른 공급자를 통해 다양한 방식으로 유지 관리 업무를 주문한다.

유지 관리는 청소 업무의 연장이라 할 수 있지만, 사후 관리와 같은 보충적 특징이 있다. 공동주택에 대한 유지 관리 요청은 세입자들의 지적과 문제 제기를 통해 이루어지기도 하고, 유지 관리 업무 담당자의 문제 제기를 통해 이루어지기도 한다. 지역관리기업이 주민과 좋은 관계를 맺을수록 서비스의 질이 향상되는 것도 이러한 특징 때문이다.

유지 관리 업무는 전문적 영역이다. 단순하게 유리창과 전구를 교체하는 일에서부터 전기, 배관, 타일, 벽돌 쌓기 등의 공정까지 포함된다. 이처럼 광범위한 지역관리기업 서비스는 직원의 역량, 사회주택 사업자와의 신뢰 관계 그리고 경쟁 상대라 할 수 있는 일반 공급자들의 민감도 등에 달려있다.

유지 관리 서비스는 발주자의 주문에 따라 제공되며, 포괄적 도급계약의 대상이 될 수도 있다. 포괄적 도급계약은 수요자와의 신뢰 관계뿐만 아니라 지역 주민과의 신뢰 관계까지 발전시킨다는 장점이 있다. 포괄적 도급계약은 정기적으로 재평가되지만, 지역관리기업이 잠재적 문제를 사전에 진단하고 방지함으로써 이에 대한 수요를 원천적으로 감소시키므로 지역 주민에 미치는 영향을 평가할 수 있게 해준다. 이처럼 지역관리기업은 끊임없이 자신의 개입 이유를 줄여가는 방식으로 일한다는 점에서 이윤 추구만을 목표로 하는 일반 기업들과 전혀 다른 사고를 하고 있음을 보여준다.

녹지 관리

공원, 정원, 광장, 잔디밭, 숲, 경사지, 놀이터 및 노상 시설 등 도로 외부에 해당하는 공간이다. 녹지 관리는 기초 수준의 경관 및 원예에 대한 노하우 등 높은 수준의 기술이 요구된다. 그 때문에 보상도 높고 작업자들의 만족도도 높다.

또 녹지 관리는 작업자들에게 변화를 허용하고, 주의 및 관찰을 요구하며, 생명에 대한 감수성을 고취한다는 특징을 가지고 있으며, 노동통합 활동의 중요한 도구로서 기능한다. 작업자들은 이러한 활동을 통해 삶의 균형을 찾을 수 있다.

중재 관련 서비스

중재 서비스는 공공질서, 치안, 시민 정신, 지역 주민 간의 연대감, 상호 이해 등의 결핍에 대한 대응 수단이다. 이러한 결핍은 건물 및 공공시설에 대한 훼손 및 파손, 야간 및 심지어 주간에도 느껴지는 불안감, 일부 상인과 의사 등 전문직에 의한 서비스 거부, 고령자들이 느끼는 소외감, 낙서, 소음, 마약 거래, 폭력 집단의 존재 및 실제적인 폭력의 실행 등과 같이 매우 다양한 성격의 사회문제 및 해당 지역에만 국한되지 않는 사회적 갈등에서 비롯된다. 이는 결국 지역 주민이 공공서비스나 정치인 또는 중산층으로부터 버려졌다는 감정을 느끼게 한다.

이러한 사회문제에 대한 지역관리기업의 해법은 공공서비스, 예를 들어 경찰이나 사회복지사 또는 관리원의 업무를 대체하는 것이 아니다. 시민의식을 바탕으로 지역 주민 간의 대화를 끌어내고 활성화하는 것이다. 지역관리기업은 중재자들이 갖고 있는 지역에 대한 소속감을 바탕으로, 대화를 끌어내는 능력을 향상시키고 중재 활동의 전문화를 일구어낸다. 치안 문제의 당사자인 지역 주민이 시민의식을 갖고 지역관리기업의 자원활동가와 직원으로 직접 문제 해결에 참여하는 것이다. 이러한 과정을 통해 지역관리기업이 해당 문제에 개입하는 것에 대한 정당성이 만들어진다.

• **야간 중재**: 이 서비스는 지역 주민이 진행하는 야간 순찰 활동을 뜻한다. 중재자들은 총이나 방망이 대신에 전화기를 들고 지역을 순찰한다. 이들은 어떤 문제에 대해서는 직접 해결할 수

도 있고, 어떤 문제에 대해서는 관련 담당자에게 알리거나 필요한 경우에 긴급 서비스를 요청할 수도 있다. 또 지역 주민 간의 분쟁에서 화해를 끌어내고, 어려움에 처한 사람들을 맞이하며, 같은 지역에서 함께 살아가는 것에 대해 서로 다른 관점을 이야기할 수 있도록 한다. 이러한 개입 방식은 이웃 관계의 논리를 바탕으로 하고 있다.

• **거리에서의 중재**: 주로 청년들에게 맡겨지는 서비스로, 폭력이나 범죄에 유혹되기 쉬운 지역의 또래 청년들과 이들 사이에 대화를 만들어내는 것이 목적이다. 거리의 중재자들은 사회복지사가 아니며, 시민으로서의 책임감을 갖고 다른 청년들과 대화해나가려는 지역의 청년들이다. 이들은 거리에서 또래와의 만남을 통해 자신의 마을공동체에 더욱 깊이 관여하게 된다.

• **다문화 중재**: 어떤 지역은 주민 구성이 매우 다양하며, 서로 다른 언어와 문화를 갖는 여러 그룹과 공동체가 존재한다. 이러한 다양성은 공공기관이 규칙을 정하고 실행하는 데 어려움을 겪게 할 수 있다. 이에 대한 전통적인 해법 중 하나는 상호 이해와 관계 형성을 촉진시킬 수 있는 사람들을 끌어들이는 것이다. 예를 들면 중개인, 통역자, 대서인 그리고 종종 자발적으로 중재나 조정의 역할을 하는 사람들이다. 이처럼 지역관리기업은 적절한 방법을 통해 이러한 사람들을 찾아 중재 활동을 실행하고 이에 대해 보상한다.

중재 서비스의 잠재적 수요자는 지자체와 사회주택 사업자뿐만이 아니다. 지역 주민이 직접 이러한 서비스를 요구하기도 하고, 필요한 서비스를 스스로 조직하고 관리하기도 한다. 따라서 서비스의 실행과 운영은 지역관리기업 내부 성원들에만 국한되지 않으며, 사회복지사 및 치안을 담당하는 공공서비스 요원들과도 함께하게 된다. 중재 서비스는 주간 또는 야간 순찰 당시 발생한 문제에 관해 토론하고, 이를 지역사회 프로젝트 및 관련 주체들과 연계하는 방식으로 이루어진다.

중재 서비스의 실행은 세 가지 실천적 규칙을 따라야 한다. 첫째, 수요가 발생하는 조건과 수요의 성격에 대해 정확하게 평가해야 한다. 둘째, 서비스의 집합적 성격을 고려하여 다른 주체들과 함께 행동해야 한다. 셋째, 중재 서비스의 운영과 그것이 만들어내는 영향에 대해 정기적인 점검과 관리를 받아야 한다.

최근 중재 서비스는 높은 수준으로 전문화되는 경향을 보인다. 중재 서비스는 언어나 민속학과 같은 특정 지식과 공정한 자세, 용기, 청취 및 해석을 위한 감각 등 민감성을 요구한다. 따라서 중재 서비스를 제공하는 이들에 대한 충분한 훈련이 필요하다. 지역관리기업은 현재 전통적인 학계에서는 충분히 인정받지 못하고 있는 이러한 전문성을 발전시킴으로써 지역관리기업 전반의 위상을 높일 수 있다. 실제로 점점 더 많은 지자체가 중재 서비스에 대한 지역관리기업의 평판을 전해 듣고, 지역관리기업의 다른 특징들은 간과한 채 즉각적으로 중재 서비스를 실행하겠다고 나서고 있다. 하지만 지자체는 지역관리기업이 중재 서비스를 적절하게 제공하기 위해서는 일련의 조건이 필요하다는 것을 알아야 한다. 그것은 바로 지역관리기업이 기본적인 서비스 공급을 통해 지역 주민으로부터 인정과 신뢰를 얻고, 지역에서 사회관계의 실질적 변화를 이루어야 적절한 방식의 중재 서비스가 가능하다는 사실이다.

특정한 서비스

지역관리기업은 전통적 서비스 외에도 기본적인 도시 관리 기능에 연결되는 다양한 선택적 서비스를 공급한다. 이러한 특정한 서비스들은 본격적인 사회관계 창출을 목표로 하지는 않지만, 때에 따라 사회관계를 엮는 데 이바지할 수 있다.

경비 업무

지역관리기업은 경비 업무 중 일정한 기능을 담당할 수 있다. 지역관리기업은 해당 지역과 주민 그리고 사회주택 사업자의 특징을 잘 알고 있으므로 누구보다 효율적으로 경비 업무를 수행할 수 있다. 이러한 이유로 사회주택 사업자로부터 경비 업무를 맡아달라는 요청이 종종 들어온다.

그러나 경비 업무를 맡을 때는 주의가 필요하다. 실제로 지역관리기업이 사회주택 사업자의 역할을 대행하는 것은 혼란을 초래할 수 있으며, 서로의 경계를 불분명하게 만들 수 있다. 지역관리기업이 사회주택 사업자의 도구가 되어버리면 지역 주민의 신뢰와 중재 능력을 모두 잃을 수 있다. 특히 임대료 수금원의 역할은 피해야 한다. 돈과 관련된 일로 갈등을 겪으면 지역관리기업 활동 자체가 어려움을 겪을 수 있다.

물론 경비 업무 수행의 장점도 있다. 지역관리기업은 경비 업무 수행을 통해 사회주택을 위한 유용한 자원으로 인식될 수 있고, 지역 주민 중에서 경비원 업무를 담당할 사람을 후보자로 제시할 수 있다. 그리고 경비 업무 담당자들의 훈련 및 양성 기관으로서 신뢰를 얻을 수 있다.

지역관리기업은 경비원들과 함께 순찰 업무 배분이나 주민과의 소통 등에 대한 협력을 진행할 수도 있다. 협력 방식에 대한 설계는 지역관리기업과 사회주택 사업자가 각자의 역할에 충실하는 방식으로 진행할 수 있다. 이러한 방식의 협력은 입주자 단체, 사회복지사 또는 경찰과 같은 다양한 주체들과도 가능하다.

건물 개보수

건물 개보수는 지역관리기업의 핵심 기능이라기보다는 부가 기능에 가깝다. 건물 개보수 작업의 주요 이점 중 하나는 일부 노동통합 대상자들을 고숙련 직종으로 진출할 수 있도록 준비시킬 수 있다는 점이다.

건물 개보수 작업은 지역관리기업의 유지 보수 업무의 연장 선에 있지만 발주 방식에서 차이가 있다. 대부분의 건물 개보수 작업은 사회주택 사업자가 발주하지만, 종종 입주자 개인이 발주하기도 한다. 이러한 경우 엄밀한 의미에서 지역관리기업은 경쟁자가 없다고 볼 수 있는데, 지역관리기업이 전문 기능인들 artisan보다 훨씬 저렴한 가격으로 건물 개보수 서비스를 제공하기 때문이다. 이를 통해 지역관리기업은 주민과의 개별적 신뢰 관계를 구축하고, 제한된 재정 상황에서 주민들이 손쉽게 이용할 수 있는 유일한 서비스 공급자로 자리매김하게 된다.

건물 개보수 작업이 공동구역에서 이루어질 경우 지역관리기업은 더욱 독보적이다. 지역관리기업은 계단 난간의 칠이 훼손될 때마다 추가 발주 없이 다시 칠할 수 있는 유일한 사업자이고, 환경 미화와 관련된 지역 주민의 필요와 의견을 이미 잘 알고 있기 때문이다.

건물 개보수 작업의 특정 분야는 전형적이다. 예를 들어 입주자 교체 시기에 이루어지는 복원 공사는 다양한 공정을 정형화 또는 모듈화된 방식으로 진행한다. 일부분만 새로 칠해서 벽을 손질할 수도 있고, 완전히 새로 페인트칠을 하거나 문틀을 교체할 수도 있고, 더 나아가 전기와 배관을 바꿀 수도 있다. 모든 공

지역관리기업, 사회관계를 엮다

정은 필요에 따라 다양하게 얼마든지 조합될 수 있다.

반면 개축 사업에 참여할 때 지역관리기업은 다른 일반 기업과 경쟁해야 한다. 개축 사업은 일종의 표준화된 서비스이기 때문에 지역관리기업의 특별한 장점을 가시적으로 보여주기 힘들다. 지역관리기업은 이러한 유형의 사업을 진행할 때 지역에 위치한 노동통합 기업이라는 위상을 활용하는 것이 좋다.

가구 내 보수

이 서비스는 앞서 말한 서비스들과 외형적으로 거의 다르지 않지만 이사, 도색, 못 박기, 도배, 유리창 교체, 이중창 설치와 같이 모두 개별 가구 내에서 이루어진다. 가구 내 보수 작업은 일단 빠르게 진행되어야 한다. 전문 업체의 서비스와 달리, 필요할 때 즉각적으로 이루어지고 가까운 이웃에 의해 제공되기 때문에 출장 비용을 따로 청구하지 않는다. 지역관리기업의 지역적 한계가 여기서는 장점으로 작용한다. 이 서비스는 사회적 유용성을 명시적으로 보여주지는 않지만, 이웃 또는 지리적 인접성을 바탕으로 신뢰 관계를 창출한다.

법률 상담

법무부는 교외 지역 주민의 법률 이해와 이용을 돕는 제도를 도입했다. 이에 따라 지역 주민이 접근하기 쉬운 장소에 법률 전문가 및 관련 단체가 찾아가 정보를 제공하고, 필요한 경우에는 변호사가 직접 법률 자문을 하기도 한다. 이와 관련된 모든 전문 서비스는 도 법률구조위원회Conseil départemental d'accès au droit, CDAD에 의해 보상된다. 민간단체들은 대부분 자원 활동으로 진행하며, 장소 및 장비는 지역 공공 기관이 담당한다. 도 법률구조 위원회는 이러한 활동이 가능한 기관과 단체들을 인증하는 역할을 한다. 지역관리기업도 이러한 인증 과정을 거친 뒤에 지방법원 관할인 도 법률구조 위원회와 협력할 수 있다. 법률 상담소를 운영할 때 지역관리기업의 강점은 각각의 주민들을 개별적으로 지원하고 도울 수 있는 능력에 있다.

이동 서비스

이동 서비스는 도시 외곽에 사는 주민들에게 꼭 필요한 서비스 중 하나다. 여기에는 이사 서비스나 교통수단 제공 서비스 등이 포함되며, 일부 지역관리기업은 기계 수선 작업장이나 자동차 정비소 또는 오토바이 대여 및 정비 센터도 운영하고 있다.

기타 서비스

세탁, 다림질, 카페, 식당 등 지역관리기업이 제공하는 서비스는 무수히 많다. 이러한 서비스들은 다음과 같이 분류할 수 있다.

어떤 서비스들은 엄밀한 의미에서 도시 관리에 속하지 않지만 사회적 유용성을 가지고 있다. 해당 서비스가 없는 지역에서 세탁소나 식료품 가게의 역할이 그러하다. 레스토랑이나 간이식당도 비슷한 사례라 할 수 있다. 또 다른 서비스들은 지역관리기업이 촉진하고자 하는 이웃 간 연대와 관련되어 있다. 지역 아동을 위한 방과 후 활동 지도나 이사용 승합차 대여 등이 바로 그 예다. 지역관리기업이 발전함에 따라 점점 더 이러한 서비스들이 파생되어 나타난다. 대서인, 공동 작업장 및 중재 활동과 관련된 서비스처럼 말이다. 한편 이러한 독창적 서비스 중에서 예술 관련 서비스가 갖는 상징성을 특별히 강조할 필요가 있다. 어떤 것들은 평범하지만, 어떤 것들은 대단한 예술 작품들이다. 이들은 자연스럽게 지역 환경 미화에 이바지하며 지역의 이미지를 개선한다. 또 주민들로 하여금 지역에 대한 소속감을 느끼게 해주며, 이를 통해 강한 교육적 효과를 가져온다.

이러한 다양한 서비스 가운데 순수한 의미의 상업적 서비스는 찾아보기 힘들다. 지역관리기업이 제공하는 서비스에는 상징적·철학적·정치적 의미가 있어야 하며, 이것이 바로 사회관계를 엮어내는 토대가 된다.

이웃 관계 서비스

이웃 관계 서비스라 부를 수 있는 일련의 서비스들은 특별하게 다룰 필요가 있다. 지역관리기업이 수행하는 이들 서비스는 이웃 사이의 관계, 지역에서의 관계, 더 나아가 지역의 연대에 필요한 것들이다. 대표적인 사례 두 가지를 보자.

• 대중교통 안내원은 안전하고 편안하게 대중교통을 이용하기 원하는 지역 주민의 요구에 부응한다. 안내원은 마을버스 등에 탑승하여 장애를 갖고 있거나 길을 몰라서 이동의 어려움을 겪는 사람들을 돕고 안내한다.

• 반려견 교육은 반려견 소유주와 이웃 주민 사이에 벌어지는 갈등 상황에 대한 해법을 추구한다. 반려견의 배설물 및 맹견의 위험성, 반려견 때문에 발생하는 여러 가지 무질서 등에 대한 갈등 해결이 여기에 포함된다. 이 서비스는 반려견 소유주들이 이웃을 존중하고, 이웃 주민들이 반려견을 키우는 것을 받아들일 수 있도록 하는 것이 목표다. 이를 위해 반려견 소유주들에게 자신의 반려견을 길들이게 하고 필요한 훈련을 제공한다.

그러나 지역관리기업이 이러한 이웃 관계 서비스를 수행할 때 발생할 수 있는 위험 상황이 있다.

첫 번째는 공권력을 가진 기관들이 지역관리기업에 경찰의 역할을 떠맡기려 하는 경우다. 아직 그 경계가 불확실하고 그때그때 바뀌기도 하지만, 지역관리기업은 중재자로서 자신의 역할

지역관리기업, 사회관계를 엮다

에 집중함으로써 이러한 위험을 피할 수 있다. 지역관리기업은 어디까지나 관계를 만들어내고, 서로서로 잘 이해할 수 있도록 돕는 역할을 하는 곳이다.

두 번째 상황은 좀 더 미묘하다. 다양한 사람들이 뒤섞여 사는 지역에서 이웃 간의 연대는 생각만큼 쉽게 이루어지지 않는다. 사회적 위기는 지역사회의 연대를 어렵게 만들고, 일상적인 활동들은 종종 서로 경쟁적인 방식으로 이루어진다. 따라서 연대는 잠재적으로만 존재하며, 단지 상황에 따라 가시적으로 나타날 수 있다. 근린 서비스의 실행은 지역의 연대를 촉진시킬 수도 있고, 감소시킬 수도 있다.

지역의 일자리 창출이라는 목표 아래 이전부터 전통적으로 이루어지던 무상 서비스를 유상 서비스로 바꾸려는 시도가 늘어나고 있다. 아동 방과 후 활동 지도, 환자나 노인을 위한 식사 배달, 아기 돌봄, 장보기 도우미, 화물 운송 및 여객 서비스 등은 모두 지역의 전통적 연대에서 상품으로 바꾸어나갈 수 있는 것들이다. 지역관리기업의 논리가 연대를 지향하는 것은 당연한 일이지만, 경제활동의 메커니즘은 조금 다를 수 있다. 따라서 이들 서비스가 실제로 추구하는 것과 반대되는 결과로 귀결되지 않도록 주의해야 한다.

이러한 위험성에도 불구하고, 중재 서비스는 지역관리기업의 가장 중요한 사명 가운데 하나다. 여기에는 두 가지 이유가 있다.

첫째, 지역관리기업은 중재 서비스와 관련하여 좋은 기술을 가지고 있으며, 아직은 실질적인 경쟁자가 없다. 둘째, 이 서비스는 시민 관계로 연결되고, 이를 통해 시민 관계 자체를 개선하는 사회관계로 이어진다.

| 비물질적 서비스 : 사회관계 |

지금까지 사회관계가 지역관리기업이 제공하는 서비스의 통합적 요소이며, 지역 외부의 공급자가 제공하는 같은 서비스와 비교할 때 차별화되는 지점이라고 이야기해왔다. 하지만 사회관계를 별도의 독자적 서비스로 볼 수도 있다. 사회관계는 청소, 유지 관리, 환경 미화, 근린 서비스, 건물 개보수 등과 같은 물질적 서비스의 구성 요소인 동시에 보완적 요소이며, 이러한 의미에서 더욱 폭넓은 분석이 필요하다.

사회관계란 무엇인가?

사회관계란 사람과 집단이 서로 연결되는 것이다. 문제는 이러한 사회관계를 어떻게 형성하느냐 하는 것이다. 과도한 이론화보다는 다음의 세 가지 유형을 검토하면서 사회관계를 엮는 일이 어떻게 작동하는지 살펴보자.

첫 번째는 소속에 기반한 관계다. 일정한 소속과 이와 관련된 관계는 사람들을 서로 연결해준다. 어느 마을 출신이라거나 누구의 자식이라는 것, 어떤 민족에 속한다거나 어떤 종교의 신자라는 사실은 사람들에게 소속감을 느끼게 해준다. 사람들은 누구나 특정한 가족과 민족에 속해 있다. 여기에는 선택의 여지가 거의 없으며, 자동적인 것이기도 하다.

두 번째는 스스로 선택하는 관계다. 첫 번째 사회관계와 달리 이러한 관계에서는 선택이 가능하다. 사람들은 민간단체, 정당, 또래 집단에 가입하는 것을 선택한다. 사람들은 직업을 선택하고, 이에 따라 동료와 동업자를 선택할 수 있다. 사람들은 동네 빵집 주인이나 담배 가게 주인과 수다를 떨 수도 있고, 의사나 지자체 의원과 상의를 할 수도 있다. 이러한 관계들은 강하지도 않지만 약하지도 않다. 다양한 종류가 있고, 첫 번째 유형의 사회관계를 보완한다. 첫 번째 유형과 두 번째 유형은 씨실과 날실이 되어 서로 교차하며 연결되고, 하나의 사회관계로 엮어지게 된다.

이때 사람과 집단을 연결하는 것은 서로 공유된 가치들이다. 첫 번째 경우는 주로 혈통에 기반한 가치들이고, 두 번째 경우는 선택에 기반한 가치들이다. 이러한 가치들은 규칙 존중, 의례 수행, 신화 전승, 크고 작은 기념과 행사 등을 통해 다양한 방식으로 전달되고 확인된다.

세 번째는 상황에 따라 결정되는 관계다. 힘들거나 행복한 삶의 조건을 공유하는 것, 모험과 여행의 경험을 공유하는 것, 이런 것들이 개인과 집단을 서로 연결한다. 경쟁이나 충돌 또는 연대의 현상이 나타날 때, 사람들은 같은 상황에 함께 노출된다. 이때 같은 마을이나 지역 그리고 같은 지역 출신 공동체는 서로 공유된 조건과 경험을 통합하는 데 이바지한다. 이러한 공통 경험들은 다시 서로 교차되고 연결되면서 사회적 관계망을 구성하는 재료가 되고 관계망에 새겨지며, 최종적으로 관계망을 구성하는 일부분이 된다.

사회관계란 이러한 각각의 관계를 의미하는 동시에 이러한 모든 관계를 의미한다. 사회관계를 엮는다는 것은, 이처럼 복잡하고 손에 잡히지 않는 모든 관계를 염두에 두고 행동하며 일한다는 뜻이다. 지역관리기업이 사회관계를 엮는 일을 하겠다는 목표를 정했다면, 어떠한 측면에서, 어떠한 방식으로, 어떠한 수단을 가지고, 어떠한 현실로부터 그렇게 해나갈 것인지를 스스로 아는 것이 중요하다. 사회관계를 엮는 일은 생각과 의지만으로는 불가능하다. 사회관계를 구성하는 요소와 각각의 특징을 알아야 하고, 이것들을 엮는 방법을 알아야 한다. 또 그렇게 엮어진 관계가 당면하게 될 문제들에 대해서도 예견할 수 있어야 한다. 예컨대 사회관계 문제를 다룬 철학, 사회학, 인류학 관련 도서와 문헌을 참고하여 사회관계에 대해 성찰하고, 이를 촉진할 수

지역관리기업, 사회관계를 엮다

있는 다양한 방법과 지표를 제시할 수 있다. 이러한 성찰은 지역관리기업이 하는 일의 일부분이며, 지역관리기업의 주체들이 더욱 과감하게 구체적 실천으로 나아갈 수 있도록 도와준다.

누가 사회관계를 필요로 하는가?

첫 번째 수요자는 사회관계의 주체, 즉 마을과 도시에 사는 개인과 집단이다. 실제로 지역 주민들이 직접 사회관계에 대한 수요를 요청할 수 있다. 어떤 지역이나 공동체의 한 사람이 다른 집단과 관계 맺기를 바라거나, 서로 만날 기회를 마련해달라고 요구하는 것이다. 그러나 이러한 경우는 드물다. 사회관계 결핍의 당사자가 이를 스스로 알아차리기란 쉽지 않다. 만약 이러한 요구 사항을 정식으로 제기할 수 있다면, 그는 이미 문제 해결에 다다른 것이나 다름없다.

두 번째 수요자는 정치인들이다. 실제로 사회관계에 대한 수요를 요청하는 주체는 이러한 관계를 책임지는 정치인인 경우가 많다. 정치인은 여러 가지 사회적 문제에 직면한 지역사회를 어떻게 통합하고 어떠한 방향으로 이끌어나갈 것인지에 대해 고민한다. 이들은 다양한 사회관계 중에서도 마을공동체에 개인을 연결하는 시민적 관계를 강조하는 경향이 있다. 그러나 이들은 건강한 시민적 관계가 건강한 가족 관계, 이웃 관계, 종교 관계 그리고 노동관계에 의존한다는 것 또한 잘 알고 있다. 이에 따라 정치인들은 지역관리기업에 결핍을 보이는 지역 주체들의 사회관계 회복을 요청하게 된다.

세 번째 수요자는 지자체와 사회주택 사업자다. 이들은 지역관리기업에 마을공동체의 운영과 관련된 여러 가지 사회관계 형성을 요청한다. 지역사회 안에 견고한 사회관계망이 형성되어야 이를 바탕으로 지자체나 사회주택 사업자가 활발하게 활동할 수 있기 때문이다.

지역관리기업이 주목해야 할 것은 지역사회 안에서 이러한 사회관계의 필요성에 대한 인식이 구체적인 수요로 발전하는 과정이다. 일반적으로 지역관리기업이 만들어가는 사회관계 형성 과정과 그 결과물이 가시적일 때, 지역의 각 주체는 이러한 서비스의 존재를 인식하고 비로소 실제적인 요청과 주문을 하게 된다. 따라서 지역관리기업은 먼저 지역 주체들에게 사회관계를 엮는 일의 특성과 어려움, 기술적 측면과 방법론에 대해 명확하게 보여줄 필요가 있다. 결국에는 이러한 활동이 하나의 직업이자 일자리가 될 수 있음을 설명하고 인정받아야 한다. 사회관계의 존재와 특질을 보여주는 것은 지역관리기업의 책임자가 할 일이다. 바로 이들이 사회관계와 관련하여 제기되는 문제들을 정식화하는 역할을 하게 되며, 이 정식화로부터 수요가 나오게 되고, 이에 대한 해법이 가능해진다.

지역관리기업, 사회관계를 엮다

사회관계를 엮는 일과 관련하여 주문이나 고객이라는 표현을 쓰는 것은 사회관계가 상품의 형태가 되었거나 될 수 있음을 보여준다. 이러한 일이 어떻게 가능할까? 일단은 사회관계에 대한 수요가 있으므로 판매도 하고 제안도 하게 된다는 대답으로 설명될 수 있을 것이다. 이러한 수요는 인위적인 것이 아니며, 가전 제품과 마찬가지로 실제적이다. 교외 지역이나 취약 지역에 거주하는 사람들은 강하고 지속적인 우정과 연대 관계에 관심을 두고 있다. 그들은 또한 지역 공간에 대한 애착의 결핍, 그리고 마을공동체에 공통의 가치관이 부재함으로써 생기는 어려움에 대해 토로한다. 그들은 지역에 뿌리내리지 못하고, 실업으로 인해 발생하는 여러 가지 문제로 어려움을 겪는다. 이들 지역에 대한 건축 및 도시 계획은 서로 다른 이해관계를 바탕으로 하는 여러 집단을 파괴하고, 흩뜨리며, 해체한다. 이처럼 마을공동체에는 사회관계를 다시 엮는 일에 대한 실제적인 수요가 존재한다.

사회관계의 값은 얼마인가?

사회관계의 값을 수치화하기는 어렵지만, 사회관계의 부재에 따른 비용은 확인할 수 있다. 이는 사회관계가 부재한 곳에서 확산되는 다양한 사회적 개입 시스템의 증가를 통해 확인된다. 폭력, 질병, 방황 및 물리적 쇠락은 사회관계 결핍을 측정할 수 있는 신호들이다. 물론 어떤 결핍이 얼마의 비용에 해당하는지를 정형화된 방식으로 수치화하는 것은 불가능하다. 어떤 효과가 어떤 결핍에서 기인하는 것인지를 확인하는 것은 더욱 불가능하다. 하지만 사회관계가 공유된 도덕 규범의 형태를 가진다는 점은 일정한 설명을 가능하게 한다. 공유된 도덕 규범은 사회관계를 통제하고, 규제하며, 허용하는 역할을 한다. 도덕 규범의 부재 또는 명료함과 일관성의 결핍은 퇴행적이고 공격적이며 억압적 행동을 유발하고, 사회의 규칙을 이해시키기 위한 엄청난 노력을 필요로 하게 된다. 따라서 사회관계의 비용을 평가하는 첫 번째 방법은 회피 비용이라는 매우 구체적인 개념에 기반하는 것이다. 사회관계를 엮는 것은 이를 위해 주체들이 투입하는 만큼의 비용이 든다. 이 비용을 평가하기 위해서는 지역관리기업이 이 분야에서 실천하고 있는 것을 주의 깊게 검토해야 한다. 관계를 엮는 활동은 상시적이고, 다양하며, 종종 예상 밖의 것들이다. 몇 가지 예를 살펴보자.

지역관리기업의 안내 서비스는 매우 개방적이며 대부분 상시적으로 운영된다. 지역관리기업에는 남녀노소, 노동자와 실업자 그리고 매우 다양한 수요를 가진 사람들이 찾아오며, 더 나아가 지역관리기업의 활동이나 심지어 지역과 명백한 관계가 없는 온갖 사람들이 방문한다. 따라서 안내 서비스는 청소나 유지 보수 같은 물질적 서비스와는 절대적으로 구별된다. 안내 서비스의 책임자는 청취하고, 고려하고, 상담하고, 수요를 분석하고, 다양한 수요를 갖는 사람들을 서로 연결해주면서 온종일 관계를 엮어낸다. 이는 근로시간으로 수치화할 수 있다.

한편 현장 실무책임자는 매우 복합적인 성격의 수요에 대응해야 한다. 노동통합 대상자들이 가정, 금전, 건강, 의존성, 주거 등의 문제에서 어떤 어려움을 가졌는지 끊임없이 확인해야 한다. 현장 실무책임자는 이야기를 듣고, 이에 답하고, 부분적으로 문제를 해결하며, 이를 통해 자신의 활동 방향을 설정한다. 또 관계를 엮어내고, 도움을 제안하며, 네트워크를 발전시킨다. 현장 실무책임자는 작업장 현장에서 만들어지는 노동 공동체가 노동통합 대상자 개개인의 어려움을 최대한 고려할 수 있도록, 노동통합 대상자들 사이의 관계도 조직한다. 이러한 의미에서 작업장의 현장 실무책임자는 자신의 전문 직종이라는 협소한 영역에만 갇혀있지 않으며, 다양한 사회적 개입을 한다. 이는 근로시간 및 업무 능력으로 수치화될 수 있다.

지역관리기업의 직원인 노동통합 대상자들은 쓸고, 닦고, 바닥을 정리한다. 그러나 이웃이 지나갈 때, 아이가 낙서용 스프레이를 꺼낼 때, 주민들의 불만 사항을 접수할 때, 그는 청소를 멈춘다. 하루에 얼마나 이렇게 일을 멈추는가? 얼마만큼의 시간이 이러한 관계 맺기를 위한 소소한 활동에 쓰이는가? 이는 사람마다 매일매일 다르다. 이 현상에 관심을 두는 노동통합 대상자는 자신이 사회관계에 개입한 시간을 대략 수치화할 수 있을 것이다.

지역관리기업에서 일하는 노동통합 대상자들은 지역의 민간단체 활동에도 참여한다. 어떤 사람은 스포츠 클럽에서 활동하고, 어떤 사람은 자신의 지역관리기업 활동을 저녁 시간 모임으로 연장시킨다. 또 다른 사람은 제3세계를 돕는 민간단체를 만들 수도 있다. 이를 위한 시간이 할당되고, 지적 능력이 투자되며, 능력이 개발된다. 사용된 시간에 대해 비용이 청구되는 것은 아니지만 지역관리기업이 끌어낸 사회적 역동성의 한 부분을 구성하는 비결로 인정된다. 사회관계는 이렇게 만들어진다.

지자체, 사회주택 사업자, 도청, 지역노동고용직업훈련국 등 지역관리기업의 고객들은 자신들의 요청을 사회관계라는 개념으로 정형화하는 것을 주저한다. 하지만 지역관리기업이 자신의 업무를 잘 수행한다면 몇 년 안에 지역에서 사회관계의 질을 변화시킬 수 있다. 그렇다면 사회관계 증진이라는 수요를 직접 다룰 수 있을까? 우리는 그렇다고 생각한다. 자치단체장은 지역관리기업에 적정한 수준에서 사회관계를 엮어내는 일을 도와달라고 요청할 수 있다. 자치단체장은 사회관계에 대한 수요를 정확한 표현으로 정형화하고, 지역관리기업과 이를 가능하게 할 방법들에 관해 토론할 수 있다. 이처럼 사회관계를 엮는 일은 다른 서비스와 마찬가지의 서비스이며, 그런 방식으로 팔고 살 수 있는 것이다.

어떻게 사회관계가 판매되는가?

사회관계에 대한 수요는 시장과 같은 방식으로 묘사하기 어렵다. 대부분 '사회관계'라고 불리는 서비스는 언급조차 되지 않는다. 이러한 경우에 서비스에 대해 보상을 하기 어렵다. 보조금을 받기 위해서는 서비스의 목적과 대상이 분명해야 한다. 공공기관들은 지역관리기업이 수행하는 사회적 성격의 활동을 '덧붙여진 것'으로 간주하면서 보조금을 설명하고자 한다. 그러나 이는 본말이 뒤집힌 것이다. 사회관계는 '덧붙여진 것'이 아니라 그 자체로 핵심이다. 지역관리기업에 필요한 것은 일회적 보조금이 아니라 계약 관계다. 이러한 계약 관계는 실제로 지역관리기업이 담당하고 있는 노동통합 대상자에 대해서뿐만 아니라 외부, 특히 불공정 경쟁에 대해 불만을 토로하는 기업에 대해 지역관리기업이 수행하는 특별한 역량을 인정할 수 있게 해준다. 계약 관계는 정기 보조금이나 시장의 형태를 띨 수 있으며, 시장은 협상에 기반하면서 동시에 근사치일지라도 결과에 대해 평가를 하게 된다.

사회관계라는 생산품의 품질을 예견하거나 평가하는 것은 당연히 어렵다. 지역관리기업의 활동으로 만들어지는 사회관계의 견고함을 어떻게 측정할 것인가? 하지만 이러한 어려움은 계약 관계를 무력화할 정도는 아니다. 혜택을 평가하기는 매우 어렵지만, 사회관계를 엮어냄으로써 회피할 수 있는 일련의 비용들을 입증할 수 있기 때문이다. 이 역시 평가하기가 쉽지 않지만, 회피 비용은 협상 과정에서 중요한 논거가 될 수 있으며, 특히 사회주택 사업자는 이 부분에 민감하다.

평가를 통해 성과를 계량할 수 있는 시장을 기반으로 활동하는 것은 지역관리기업들로 하여금 보조금 방식이 갖고 있는 임의성에서 벗어나도록 해준다. 만약 다른 사업자가 같은 종류의 사회관계 촉진 서비스를 공급할 수 있다면 경쟁이 발생할 것이다. 그리고 만약 경쟁자가 더 유능하다면, 지역관리기업은 스스로 물러나거나 경쟁자와 협력하려 할 것이다.

마지막으로 사회관계 서비스에 관한 원칙을 확인하면서 마치도록 하자. 사회관계는 그 자체로도 협상 가능한 것이지만, 독립적인 상업적 가치를 가지고 있지 않으며, 구체적 서비스에 연결되어 있어야 한다. 그 내용은 각각의 서비스에 따라 다르다. 그러나 사회관계는 지역관리기업 그 자체와 구별될 수 없다. 다양한 개입을 통해 지역 내 사회관계를 만들어내는 것은 지역관리기업의 존재 이유 그 자체다. 따라서 지역관리기업이 공급하는 서비스 중에서 사회관계와 관련이 없는 일반적 서비스와 이보다 포괄적이면서 사회관계를 창출해내는 서비스를 구별하는 일은 불가능하다. 사회관계망을 엮는 일은 지역관리기업의 가장 강력한 힘의 원천인 동시에 파트너들을 아우르며 설득해야 하는 정치적

지역관리기업, 사회관계를 엮다

활동이다.

바로 이러한 성격 때문에 사회관계 관련 서비스에 대한 비용을 주민이 부담하거나, 임대료에 통합시켜서는 안 된다.

| 서비스로서의 노동통합 |

우리는 여기서 노동통합과 사회관계 창출을 구분하고자 한다. 둘은 불가분의 관계이지만, 노동통합은 구체적 수요에 조응하는 것이며 그 자체로 별도의 규칙과 방법을 따르기 때문이다.

일자리 제공을 통해 노동의 세계에서 배제된 사람들을 통합하는 것은 지역관리기업의 주요 임무다. 노동통합 분야는 지역관리기업뿐만 아니라 다른 형태의 조직들을 포괄하고 있는데, 지역관리기업은 노동통합 활동을 위한 고유의 방법론을 가지고 있다. 하지만 무엇보다 지역관리기업이 노동통합의 도구가 아님을 강조하는 것이 중요하다. 현재와 같은 상황에서, 지역관리기업은 특히 지역에 뿌리를 두고 있다는 사실을 볼 때, 노동통합 활동을 위한 좋은 일꾼임이 분명하다. 그러나 지역관리기업은 오직 노동통합만을 위한 것은 아니다. 또 지역관리기업들은 노동통합 활동에 있어서 자기들만의 고유한 특질을 가지고 있다.

노동통합을 판매한다?

실업은 사회 전체에 영향을 미치는 문제다. 이는 통제할 수 없는 폭풍이 가져온 우연한 결과물이 아니다. 임금을 낮추고 비용을 줄이려는 기업들에 의해 만들어진 경제적 계산의 결과물이다. 이렇게 발생한 문제는 사회 전체가 함께 비용을 부담하게 된다. 실업의 문제를 치유하기 위해, 문제를 겪고 있는 당사자들의 시민의식에 호소하는 것으로는 부족하다. 일자리가 많지 않은 교외 지역의 관점에서 보면, 실업을 심화시킨 사회 전반의 구조조정에 대한 비용은 어떤 식으로든 지급되어야 한다.

이러한 관점에서, 노동통합은 공공서비스 위탁과 비슷하다. 노동통합은 다른 공공서비스 위탁과 마찬가지로 적절한 보상을 받아야 하는 하나의 서비스로 정당화될 수 있다. 문제는 서비스에 대한 비용을 누가 지급하는가에 있다. 실제로 노동통합 서비스의 수혜자가 일자리를 찾을 개인과 사회 전반인 반면, 이 서비스의 수요자를 특정하기는 쉽지 않다.

수요자는 노동 비용 절감이라는 이유로 실업 문제를 발생시킨 책임자인 시장경제 일반과 이를 대표하는 기업들일 수 있다. 그러나 정치적으로나 경제적으로 이러한 입장은 현재까지 고려되지 않고 있다. 일부 대기업은 노동통합을 위한 일부 역할을 받아들이기도 하지만, 어디까지나 자신들이 그 방법을 선택하고

지역관리기업, 사회관계를 엮다

비용은 지급하지 않는다는 조건에서만 그러하다. 이 기업들은 종종 자신들이 보유한 재단을 통해 노동통합 활동의 파트너로 참여하기도 한다. 하지만 이들은 지역관리기업이 제공하는 노동통합 서비스의 고객은 아니다. 노동통합 서비스에 대한 재정 충당은 정부가 맡고 있다.

지역노동고용직업훈련국은 정교하면서도 다양한 제도를 통해 노동통합 서비스에 대한 재정을 충당한다. 노동통합 일자리 프로그램에는 연대 고용계약contrats emploi solidarité, CES, 고용 강화 계약contrat emploi consolidé, CEC, 작업장 학교chantier école, 청년 일자리emploi jeune 등이 포함된다. 이들 제도 각각은 특정한 대상과 특정한 수요 그리고 특정한 수행 주체와 관련된다. 재정 충당을 위한 다양한 수단은 지역관리기업의 능력에 대한 지역노동고용직업훈련국의 인정과 지역사회의 수요에 달려있다. 전문성과 비용 또한 고려될 필요가 있다.

노동통합 서비스를 위한 재정 충당의 또 다른 방법은 고용안정센터ANPE와 '일정 수의 지역 출신 취약 계층 구직자를 포함하는 프로그램'에 관련한 협약을 맺는 것이다. 이 경우, 협약을 체결하고 보상을 받는 지역관리기업은 고용안정센터의 서비스를 보완하는 서비스를 수행한다. 이러한 위상은 지역관리기업의 사명에 더욱 잘 부합한다. 지역관리기업 전국네트워크는 고용안정센터와 지역관리기업 사이의 파트너십 조건을 규정하는 협약을 이미 체결한 바 있다.

하지만 실제로 노동통합 서비스에 대한 비용 지불자를 찾기란 쉽지 않다. 지역관리기업은 공공 기관 및 일반 기업을 대상으로 자신들의 전문성과 자신들이 제공하는 노동통합 서비스의 사회적 유용성을 인정받도록 노력해야 한다. 이때 대화의 상대방은 지역의 도지사, 시장, 군수, 고용안정센터장 및 청년 사회경제 통합 지원센터장 등이 된다.

노동통합의 방법론

노동통합 대상자를 선발할 때, 지역관리기업은 미숙련자들을 통해 양질의 기술적 서비스를 제공해야 한다는 모순에 직면한다. 지역관리기업은 바로 이 역설을 온전히 감당하고 있다. 노동통합에 관한 사회적 개입이 크게 요구되는 지역에서, 지역관리기업은 수많은 취약 계층을 맡아달라는 기대를 받는다. 하지만 이러한 상황은 지속되기 어려우며, 기술적 품질과 비용 면에서 빠르게 문제가 드러난다. 또 일반적인 수준에서 일해나갈 수 있는 사람들과 맡은 업무를 수행하는 데 어려움이 있는 사람들 사이에서 균형을 맞춰야 한다. 좀 더 정확히 말하자면, 지속할 수 있는 방식으로 노동통합 대상자 전체를 관리하고, 그 속에서 더욱 역량 있는 사람들이 좀 더 약한 사람들을 도울 수 있게 해야 한다.

지역관리기업, 사회관계를 엮다

지난 10여 년 동안 노동통합 분야에 도입된 다양한 기술들은 대상자들이 프로그램을 통해 점진적으로 일하는 것을 배우고, 동시에 자신을 온전히 다시 세워내도록 하는 것이었다. 프로그램 과정은 훈련, 직업 능력 평가, 자립 단계로 구성된다. 프로그램을 이끄는 사람들은 충족시켜야 할 질적 요구와 사람에 대한 복잡한 지원을 조합할 줄 아는 현장 실무책임자들과 지도교사들이다. 사람에 대한 지원은 사회적 측면뿐 아니라 의학적, 감정적, 교육적, 문화적 그리고 재무적 성격 등 모든 측면을 망라하고 있다. 이러한 프로그램에 관련해서는 노동통합 관련 전문 활동가들이 발간하고, 다양한 노동통합 조직 네트워크들이 전파하고 있는 다수의 문헌들이 있다. 이 프로그램들은 다양한 행위 주체들과 연대하도록 만든다. 지역 노동통합계획Plan local d'insertion, PLI 또는 PLIE이 수립된 곳에서는, 이 계획이 다양한 프로그램들을 총괄하며, 이것이 없는 곳에서는 여러 다른 프로그램들이 이를 대체한다.

노동통합의 전망과 한계

노동통합은 표준적 임금노동을 중요한 지표로 삼고 있다. 경과적 일자리sas가 축소되는 경향과 제한적 영향력, 그리고 이러한 유형의 일자리가 시장에서 매우 드물다는 점과 취약 계층들이 점점 더 주변화되는 것 등을 고려했을 때, 노동통합 서비스의 미래와 이를 현실에 적응시키는 방법에 대한 질문이 제기될 수 있다.

지역관리기업에 있어 이에 대한 대답은 매우 실천적인 것들이다. 첫 번째는 지역관리기업 내부에 노동통합 대상자를 직원으로 들이는 것이다. 이는 특히 고령의 노동통합 대상자 직원들을 대상으로 검토된다. 고령의 대상자들의 경우 일할 기회를 얻기가 쉽지 않기 때문이다. 하지만 어쨌든 지역관리기업에서 일함으로써 일자리에 대한 걱정을 더 이상 하지 않게 되고 사회적 통합도 달성하게 된다. 물론 지역관리기업이 많은 일자리를 가지고 있지 않기 때문에 이러한 해법은 드물 수밖에 없다.

두 번째 해법은 지역관리기업의 사회적 영역 범위 안에서 일자리를 찾는 것이다. 이웃 기업들, 지역관리기업의 거래처들, 우호적 기업가들, 친구의 친구 그리고 그 친구의 친구 등 일자리를 찾기 위해 진짜 전투를 벌여야 한다. 네트워크를 활성화하고, 그 활력이 떨어지면 다시 새로운 네트워크를 구성해야 한다. 경과적 일자리는 사람들을 일자리에 배치하는 역할을 하지만, 그 자체로 새로운 일자리를 만들어내는 것은 아니다. 도리어 다른 사람들을 구직 행렬로 옮겨놓는 것이 될 수 있다. 이러한 해법은 개별적이며, 집합적으로 이루어질 수 없다. 더욱이 이런 종류의 네트워크는 친구의 친구들까지 모두 연결되고 나면, 언젠가는 완전히 바닥이 난다.

지역관리기업, 사회관계를 엮다

세 번째 해법은 일자리를 찾는 것이 아니라 활동을 만드는 것이다. 이러한 활동은 표준적인 의미의 경제 영역과 반드시 조응하지는 않는데, 표준적 경제 영역이 이미 가득 차 있기 때문이다. 따라서 이 방법은 독창적 생산품에 꼭 맞는 시장을 발굴하고 이 생산품을 판매하는 것이다. 지역관리기업이 시작하는 모든 활동은 유용하면서도 수익성이 있는 서비스들이다. 세탁, 자동차 정비, 식당, 중재, 법률 상담, 반려견 훈련 또는 가정 내 수선 등은 일정한 조건이 되면 그 수요를 수익성 있게 만드는 활동들이다.

이를 위해 중요한 조건은 근린성과 낮은 가격인데, 두 조건은 서로 연결된다. 가격이 낮은 것은 광고비, 출장비, 판공비 등이 포함되지 않고, 과도한 설치비가 필요하지 않기 때문이다. 일반적으로 기본이라 말할 수 있는 생산물과 서비스에 관련된다. 이러한 활동들은 통합의 방식으로 성장하기보다, 초기에는 지역관리기업의 통제 속에 그러나 점차 완전한 독립체 방식으로 분화되면서 성장할 수 있다. 이는 현실에 맞으면서도 지속 가능하며, 특히 취약 계층이 접근할 수 없는 많은 일자리를 보완하는, 훨씬 실제적인 노동통합 방법들이다. 이 지점에서 노동통합의 논리는 최대한의 가능성을 보여주며, 이를 통해 지역적이고 연대적인 개발과 만나게 된다.

내부 운영

지역관리기업 운영에서 대표, 이사회, 사무국, 총회 등 각각의
역할은 무엇일까? 상임이사와 상근 실무자들의 역할은 무엇일까?
대표와 상임이사의 관계는 어떻게 만들어지고 지속될까?
채용과 고용 해지, 운영, 급여, 훈련, 노동권, 자본 조달, 재무는
지역관리기업 운영에서 어떻게 이루어질까? 이러한 사항들은
지역관리기업에서 어떻게 특별한 프로젝트로 표현될까?

내부 운영이란 지역관리기업의 경영을 가리킨다. 경영은 방향
제시, 인사 관리, 재무 관리를 두루 포함하는 조직 내부 운영 기술
이라 할 수 있다. 지역관리기업은 혼합된 형태이기 때문에 완전
히 기업처럼도, 완전히 민간단체처럼도 작동할 수 없으며, 인사
관리, 의사 결정 방식, 채용 및 고용 해지 절차, 자본 구성 방식 등
에 관한 자신만의 고유한 방법을 만들어야 했다. 더 나아가 사례
관리를 담당하는 현장 실무책임자라는 새로운 직책도 만들어냈
다. 지역관리기업들은 전국네트워크를 통해 네트워크 인턴십 훈
련과 같은 경영 방식을 만들었다. 지역관리기업은 노동법 등 자

신을 둘러싸고 있는 세상이 요구하는 것들을 고려해야 하며, 내부 관계에 관련된 규칙들을 따라야 한다.

| 지도부 |

결사체 조직 기구

지역관리기업의 법적 운영이란 결사체association가 갖추어야 하는 조직 기구들을 운영한다는 뜻이다. 결사체 조직 기구에서는 주로 사무국, 대표 또는 이사회가 주도적 역할을 한다. 이사회는 지역관리기업의 중요한 세 주체를 모으는 역할을 하는 동시에 주로 운영을 담보한다. 그러나 대표도 상당한 권한을 가질 수 있으며, 사무국도 개별 활동들을 관리하는 과정에서 의사 결정 단위가 될 수 있다.

일반적 목표를 결정하고 방향을 설정하는 것은 지역관리기업이라는 조직이지만, 공공 기관이나 제도적 시스템과의 실제 협상은 이러한 조직 기구들이 수행한다. 노동통합 대상자와 실무자를 채용하는 것도, 지역관리기업의 토대를 이루는 지역사회의 정치적·경제적 자원을 동원함으로써 위기를 넘기는 것도 바로 이 조직 기구들이다.

진정한 결사체 정신을 고취하는 일은 매우 중요하다. 공식 조직 기구들은 장식품이 아니며, 지역관리기업은 실제로 작동하는 이사회와 맡은 임무에 진지하고 꼼꼼하게 임하는 사무국이 필요하다. 사무국의 구성원은 능력과 총명함을 갖춰야 하며, 저마다 충분한 시간을 가지고 일해야 한다. 대표가 사려 깊고 치밀하지 못하다면, 지역관리기업은 위험을 겪게 된다. 여기서 위험이란 종종 재무, 경영, 기술 등과 관련된 실천적인 것들로, 특히 지역관리기업의 핵심을 위태롭게 할 수 있다. 예를 들어, 대표가 잘못 운영하는 지역관리기업은 경제주의나 관료주의에 빠질 수 있다.

상임이사

지역관리기업의 상임이사(소장)directeur는 매우 드물고 찾기 힘든 인간형이다. 그는 실제로 매우 다양한 특질을 겸비할 것을 요구받는다. 먼저 상임이사는 일반 기업의 대표가 갖는 기술적 특질을 가지고 있어야 한다. 결산서를 읽고, 주저 없이 결정하고, 은행과 협상하고, 판매할 제품의 품질을 보증하고, 훌륭한 조력자들을 주변에 두며, 채용과 고용 해지를 진행하고, 시장의 변화를 예측할 줄 알아야 한다. 이런 특질의 상당 부분은 경험을 통해 얻어지고 강화되는 것들이다.

하지만 상임이사는 지역관리기업이라는 특수한 분야에 대한 민감성과 특별한 지적 능력을 갖추어야 한다. 단지 사회적 지향을 가지고 있는 것만으로 충분치 않으며, 지역관리기업이 일하는 분야의 작동 규칙을 알고 있어야 한다. 이 분야의 고유한 특질로서 상임이사에게 요구되는 것 중 하나는 대표와 함께 일할 줄 아는 능력이다.

이러한 능력들 일체는 노동시장에서 상대적으로 비싸게 값이 매겨지는 것이며, 지역관리기업의 상임이사는 이러한 노동에 대해 적절한 보상을 받는 임원이라 할 수 있다.

대표와 상임이사의 관계

대표와 상임이사의 관계는 지역관리기업에만 있는 특별한 것은 아니며, 민간단체에만 있는 것도 아니다. 일종의 균형을 담보하기 위해 만들어지는 다른 유형의 관계들과 비교하는 것은 지역관리기업에서의 메커니즘을 이해하는 데 도움이 될 것이다. 예컨대 정치계에서 입법과 행정의 관계나, 지자체에서 선출직과 실무 담당자의 관계, 자녀교육에서 아버지와 어머니의 관계를 보자.

지역관리기업에서 대표와 상임이사의 관계는 이중적 대립을 특징으로 한다. 우선 이 두 인물은 똑같은 정당성을 갖지 않는다. 대표는 선출직으로서 정당성을 가진다. 집단은 그가 가진 고유한 특질과 일할 수 있는 여건을 고려하여 다른 여러 사람 중에서 그를 선택했고, 그에게 집단을 대표하도록 했기 때문이다. 상임이사는 실무적 능력을 바탕으로 정당성을 갖는다. 그는 지역관리기업의 복잡한 조직을 작동시킬 수 있는 능력을 인정받아 그 자리에 있는 것이다. 이러한 사실로 인해, 이 두 인물은 지역관리기업에 대해 서로 다른 관점을 갖는다. 대표는 지역관리기업의 가치와 의미에 초점을 맞춘다. 그가 지역관리기업을 책임지고 보호하며, 행동하고 결정하는 것은 이러한 가치와 의미에 따라서다. 반면 상임이사의 관점은 구체적 현실에 기반한다. 그가 행동하고 선택하고 판단하는 것은 은행과의 교섭, 월말 급여 결제, 작업의 질과 같은 평범하지만 절대적 요구들이라는 현실의 원칙에 입각한 것이다. 이 두 관점 사이에는 자연스럽게 긴장이 존재하지만, 이 두 입장은 점차 조정되며, 이 조정의 과정은 힘의 분배와 균형에 관한 구체적 방법들로 실현된다.

여기서 말하는 구체적 방법이란 위임과 요청과 같은 고전적인 것들이다. 위임이란, 대표가 일련의 조건 아래 신중하게 자신의 역할을 상임이사에게 맡기는 것이다. 대표는 상임이사에게 채용, 외부에서 지역관리기업을 대표하는 것, 그리고 중요한 협상에 대한 참여 임무를 맡긴다. 위임의 반대는 요청인데, 예를 들면 상임이사가 선출된 조직 기구들에 활동에서 제기된 여러 문제에 관하여 자신의 활동 방침을 정해달라고 요구하는 것이다.

상임이사를 고용할 때 단지 실무 능력만 보지는 않는다. 상임이사는 이사회, 특히 대표와 함께 일하는 능력도 중요하다. 대부분 지역관리기업을 실제로 운영하는 조직 기구는 대표와 상임이사다. 이러한 관계에서 각각 자신의 역할을 담당한다. 이 관계가 잘 작동하면, 지역관리기업은 계획하고 협상하고 일하며 계속해서 적응해 나갈 수 있다. 만약 이 관계가 잘 작동하지 않는다면 이는 어느 한쪽의 잘못일 수도 있으나, 많은 경우 둘 사이의 오해 또는 성향의 불일치 때문이다. 상임이사는 또한 이사회를 활성화할 임무를 갖는다. 그는 이사회를 구성하는 다양한 주체들 사이에 원만한 관계를 촉진하며, 이러한 의미에서 지역관리기업 조직 기구 구성원들에게 그는 결사체 민주주의에 관한 교육자다.

| 현장 실무책임자 |

지역관리기업에서 현장 실무책임자encadrant라는 명칭은 직책의 차이와 관계없이 실제로 노동통합 대상자들을 대상으로 현장에서 사례 관리를 수행하는 실무자 모두를 가리킨다.

현장 실무책임자는 상임이사와 마찬가지로 이중, 더 나아가 삼중의 역할을 해야 한다. 현장 실무책임자는 현장의 작업팀을 이끌고 조직하며 훈련시킬 수 있어야 한다. 또한 명령하고 통제하고 평가할 줄 알아야 한다. 이는 일반 기업의 임원, 특히 작업 팀장이 갖는 전통적 역할이다. 하지만 현장 실무책임자는 여기서 더 나아가 사회적 개입에 대한 민감성을 가지고 있어야 한다. 노동통합 대상자가 장기 실업으로 인해 갖게 된 문제, 가령 느린 작업 속도를 이해하고 받아들일 줄 알아야 한다. 알코올중독이나 우울증에 관한 문제를 다룰 줄 알아야 하고, 특별한 문제를 가진 노동통합 대상자들을 관련 전문기관에 의뢰할 줄 알아야 한다. 자신이 담당하는 대상자들의 어려움에 귀 기울이고, 바로 대응할 줄 알아야 한다. 또 대상자들에게 필요한 도움과 지원을 위한 네트워크를 알고 있어야 한다. 이는 현장 작업과는 다른 별도의 역할이다.

현장 실무책임자들이 가져야 할 세 번째 역할은 기술적인 성격의 것이다. 현장 실무책임자는 무엇보다 훌륭한 전문가여야 한다. 지역관리기업이 포괄하고 있는 직종의 다양함과 그 특징들은 현장 실무책임자가 상당한 수준의 복합적 업무 수행 능력을 지닌 오케스트라 지휘자가 되도록 요구한다. 현장 실무책임자는 건축 기술을 가진 사람, 녹지 관리 기술자, 도심 관리 기술자를 알고 있어야 한다. 큰 규모의 지역관리기업에서는 몇몇 현장 실무책임자들이 기술 영역을 나누어 분담하지만, 작은 지역관리기업에서는 관련 시장과 다른 시장에 적응할 수 있는 능력에 따라 사람을 선택하게 된다.

| 채용과 고용 해지 |

지역관리기업은 채용과 고용 해지와 관련하여 일반적으로 노동법 규정들을 따르지만, 두 가지의 고유한 특징을 가지고 있다.

첫 번째 특징은 채용의 기준이다. 지역관리기업의 기준은 일반 기업과 다르다. 일반 기업은 적응 기간 이후에 자신의 업무를 온전히 책임질 수 있는 사람을 찾지만, 지역관리기업은 전혀 다른 의미에서 적응 기간을 바라본다. 노동통합이라는 지역관리기업 고유의 역할은 노동통합 대상자들이 서비스 공급에 적응하는 기간 전체를 수습 또는 재훈련을 위한 시간으로 보게 한다.

따라서 지역관리기업에서는 노동자가 직무를 위해 존재하는 것이 아니라, 노동통합 대상자가 다시 일할 수 있도록 하고, 이를 위한 자신감 회복을 돕는다는 점에서 직무가 노동자를 위해 존재한다고 말할 수 있다. 예를 들어 지역관리기업의 채용 기준 중 하나는 해당 직무가 그 노동자가 일하는 데 도움을 줄 수 있는지 평가하는 것이다. 이는 노동자가 직무에 적합한지를 보는 익숙한 개념과 반대되는 지점이다.

또 다른 채용 기준은 지역에 대한 소속감이다. 실제로 이 기준은 종종 중요한 기준으로 활용된다. 만약 한 채용 후보자가 지역과 관련된 일에 큰 관심을 두고 있다면 그를 채용할 것이다. 지역에 뿌리를 내리고 있다는 고유의 특징은 지역관리기업이 이러한 기준을 내재화하도록 한다. 매우 드문 경우를 제외하면, 이는 배타적 기준이기도 하다.

지역관리기업 채용 방식의 두 번째 특징은 채용이 상임이사와 이사회가 함께 분담하는 영역이라는 점이다. 지역관리기업마다 상임이사와 이사들의 관계 설정에 따라 누가 채용을 담당하는가를 결정하게 된다. 일반적으로는 대표가 지역관리기업의 사명과 필요에 부합하는 기준들이 적용되는지를 살핀다. 상임이사는 이 기준들에 따라 면접을 보고, 채용 후에 그 논거를 설명하게 된다. 상근 실무자 채용과 관련해서는 사무국이 그 과정에 참여하는 것이 필수 불가결하다.

고용 해지는 지역관리기업의 기업적 성격이 작동하는 국면이다. 이 경우, 지역관리기업은 노동통합 대상자나 조력자들로부터 분리되어 이해되어야 한다. 원칙은 일반 기업과 같다. 문제가 발생하여 이루어지는 고용 해지도 있고, 계약 기간 종료에 따른 고용 해지도 있다. 또 노동통합의 결과로 이루어지는, 즉 대상자가 일반 노동시장에서 일자리를 구해서 떠나는 방식의 고용 해지도 있다. 노동통합과 관련한 이 고용 해지는 특별히 주의해야 한다. 원칙적으로 지역관리기업은 노동통합 대상자들의 평생직장으로 설계된 것이 아니다. 따라서 이들이 일자리를 찾고 이를 감당하기로 마음을 먹으면 지역관리기업을 떠나게 된다. 그러나 노동시장에서 안정적 일자리가 부족하고, 오랫동안 소외되었던 사람들이 일자리를 구하기가 더 어려워지는 상황을 고려하면, 이는 간단한 일이 아니다.

지역관리기업은 노동통합 대상자 각각을 위한 전략을 준비한다. 어떤 이들은 나이나 적응 능력 부족 등으로 인해 외부에서 일자리를 찾을 수 없는데, 이 경우에 지역관리기업은 이들에게 이제 다른 일자리를 위한 전환의 공간이 아닌 지속적인 일자리를 제공한다. 하지만 대부분은 노동통합 대상자들을 외부 일자리로 내보내는 기회를 선택하게 된다. 이때 인간관계를 둘러싼 문제가 발생할 수 있다. 지역관리기업이라는 둥지를 떠나는 노동통합 대상자가 즐거운 마음으로 떠나는 경우는 드물다. 따라서 많은 경우 후원과 격려, 도움이 필요하다. 단순하게 지역관리기업을 떠나는 것을 넘어서 도움과 돌봄이 필요한 것이다. 지역관리기업에서 일하는 동안 만들어진 관계는 지역관리기업을 떠날 때, 외부 세계로 부드럽게 통합될 수 있는 조건을 담보해준다.

| 급여와 계약 |

근로계약의 종류는 예외적인 방식들이 증가하면서 매우 다양해졌다. 보편적 기준으로서 무기한 계약(상용직)은 점점 더 드물고, 더 나아가 예외적 방법이 되었다. 엄격한 의미의 근로계약은 아니지만, 고용 관계를 계약으로 만드는 다양한 방법들도 존재한다.

여기에서 고용주와 피고용인이 이용할 수 있는 모든 계약 형태를 열거하는 것은 불가능하다. 관련 제도들이 끊임없이 변화하고 있으므로 더욱 그러하다. 근로계약의 다양성을 활용하여, 단순한 적합성을 넘어 지역관리기업이 추구하는 의미를 충족시키는 선택을 하는 것이 중요하다. 지역관리기업의 필요에 따라 무기한 계약직과 단기 계약직의 균형을 찾는 것, 또는 연대 고용계약, 청년 고용, 노동통합 프로그램, 일반 고용계약 등이 각각 가능한 발전 경로를 온전히 구현할 수 있도록 조합되는 것 등이 그 예이다. 여기에서는 원칙에 관련해서만 살펴보도록 하자.

• **첫 번째 원칙 : 진짜 일자리** 단순히 노동통합 대상자를 돌봐주기 위해 채용하는 것이 아니라, 그 사람이 해당 업무를 수행하고, 자신의 능력·재능·경험을 통해 가능한 일을 해낼 수 있게 하려고 채용하는 것이다. 직무의 내용은 명확하게 특정될 수도 있고, 그렇지 않을 수도 있다. 특정할 수 없다면, 채용자에 적합하도록 업무를 구성해야 한다. 많은 경우에 있어서 한 사람의 사회적 위치는 그의 능력과 기여에 달려있다는 관점을 잃지 않는 것이 중요하다. 또 그의 인간적 존엄성의 한 부분은 계약으로 체결되는 정기적이고 정상적인 노동관계에 달려있다는 점도 잊어서

지역관리기업, 사회관계를 엮다

는 안 된다. 사회적 기여는 업종의 형태, 적어도 특정한 이름으로 불리는 전문적 기능의 형태를 가지고 있으며, 이를 통해 해당 노동자에게 업무상 명칭을 부여한다. 한 사람에게 부여되는 업종이나 기능의 명칭은 사회가 그에게 부여하는 상징적 인정의 역할을 한다.

• **두 번째 원칙: 진짜 보수** 보수를 지급하는 것은 복잡한 행위이며, 이 복잡성이 갖는 성격을 감추어서는 안 된다. 실제로 상징적 성격의 사회적 인정 일부는 보수를 통해 이루어진다. 즉, 보수 지급과 관련하여 합의된 방식들이 절대적으로 지켜지는 것을 통해 해당 노동자에 대한 사회적 인정이 상징적으로 확인될 수 있다. 급여는 제때 지급되어야 하고, 지급된 급여는 급여 명세서와 일치해야 한다. 또 필요한 모든 조항을 망라해야 하고, 복잡한 내용을 온전히 담아내야 한다. 다시 말해 유급 휴가, 업종에 관련된 혜택, 질병과 실업에 관련된 사회보장, 은퇴에 관한 권리들, 그리고 계약의 성격에 따라 동반되는 불안정성에 대한 보상 수당 등을 포괄해야 한다.

• **세 번째 원칙: 진짜 계약 관계** 모든 계약의 토대는 자유로운 두 개인이 해당 이슈를 온전히 이해한 가운데 이루어지는 동의에 있다. 채용되는 사람은 근로계약에 사인할 때, 자신의 권리와 의무에 관한 계약 내용을 잘 이해했는지 살펴보아야 한다. 이러한 동의는 해당 노동자를 지역관리기업과 그 마을공동체, 더

나아가 사회 전반에 연결하는 상호관계의 뿌리가 된다.

더욱 구체적인 측면에서, 지역관리기업 헌장은 보조금 지원을 받는 고용계약의 수가 일반 고용계약보다 많아서는 안 된다고 명시하고 있다. 이러한 균형은 세 가지 의미가 있다. 첫째, 보조금 지원을 받는 노동자들과 일반 고용계약을 통한 노동자들이 서로 도울 것을 권장한다. 둘째, 이러한 균형은 무엇보다 지역관리기업이 일반적 조건에서 일과 직업을 실현하는 진짜 기업이라는 이미지를 부여한다. 셋째, 다양한 계약을 관리하는 복잡한 기술을 통해 일반 고용계약(가능하면 무기한 계약)이라는 노동통합 과정의 목표를 잊지 않게 해준다. 지역관리기업은 너무 복잡한 계약들을 하기 전에, 이를 다룰 수 있는 지적이고 기술적인 능력을 갖추어야 한다. 특히 보조금 지원을 받는 고용계약을 단순한 재정적 기회로만 단순화시켜서는 안 된다.

| 자격증과 훈련 |

자격증은 직업의 세계에서 일종의 식별 방법이다. 훈련은 직업의 세계에서 발전하기 위한 수단이다. 이러한 이유로 이 두 가지를 함께 다루고자 한다. 자격증은 직업적 서열과 관련된다. 이

서열은 그 자체로 가치를 가지며, 지역관리기업은 이를 존중할 수도 있고, 뒤엎어 놓을 수도 있다. 지역관리기업은 자격증을 위한 훈련과 일반적 목표를 갖는 훈련을 구별할 수 있다.

지역관리기업 노동통합 대상자의 자격증 취득을 위한 훈련은 노동통합 과정의 보조적인 부분이다. 지역관리기업은 직업훈련 계획의 일부분으로서, 노동통합 대상자가 목표로 하는 업종에 접근할 수 있도록 도와주는 훈련을 설계할 수 있다. 어떤 이에게는 그것이 중장비 기사일 수 있고, 다른 이에게는 전기 기술자일 수 있다. 또 다른 사람에게는 프로그램 진행자일 수 있다. 지역관리기업에서의 일자리는 노동통합으로 이어지는 직업훈련 프로젝트의 과정으로 이용되며, 이때 자격증은 구체적인 목표가 된다.

훈련은 지역관리기업과 관련된 업종에 적합한 자격증을 목표로 할 수도 있다. 만약 지역관리기업이 도색이나 경비에 관련된 계약을 체결했다면, 노동통합 대상자는 이에 관한 훈련을 이수하도록 권고를 받을 것이다. 지역관리기업이 진행하는 사업은 자격증 취득을 통해 이루어지는 직업적 노동통합의 매개물이 된다.

그러나 지역관리기업들은 단순히 자격증을 목표로 하는 훈련에만 만족하지 않으며, 주요한 사명인 시민 참여를 위한 교육 프로그램을 설계하고 제안한다. 이는 지역관리기업 네트워크의 중요한 특징 중 하나다. 실제로 지역관리기업 전국네트워크는 다양한 주체들이 자신의 지역과 도시, 그리고 국가에서의 공적 생활에 참여할 수 있게 도와주는 교육프로그램을 제공한다. '주체되기 교육'이라는 명칭의 이 연수 프로그램은 두 가지 원칙을 가지고 있다.

첫 번째 원칙은 만남이다. 연수 프로그램은 지역관리기업 직원, 이사 그리고 공무원, 기업가, 지자체 의원, 민간단체 책임자 등 다양한 파트너들을 대상으로 한다. 이들은 서로 만나서 자신들의 세계를 보는 법과 일하는 법을 서로 마주한다. 이 만남은 여행의 성격도 갖는다. 이 연수 프로그램은 옮겨 다니면서 진행되기 때문에 참가자들은 프랑스 어느 도시에서나 서로 다시 만날 수 있다. 어떤 직종의 사람들에게는 이러한 이동이 쉽고 평범한 것이지만, 취약 지역 주민들에게는 지역에서 벗어나는 것 자체가 하나의 모험이다. 여하튼 자신들과 비슷한 상황의 다른 지역 주민과의 만남, 그리고 다양한 장소에 대한 정보 교환은 이 교육 프로그램이 갖는 여행적 성격의 한 부분이다.

두 번째 원칙은 책임감 고취다. '주체 되기 교육'은 정보를 주는 것이 아니라, 참여를 격려하는 것이다. 행동할 수 있는 수단을 제공하며, 시민 참여의 조건을 분명히 한다. 상대성의 의미를 알려주고, 위험성과 주도성에 대한 취향을 고취하며, 네트워크를 더욱 잘 이해할 수 있도록 해준다.

다른 연수 프로그램들은 지역관리기업의 책임자들을 대상으로 한다. 가령, '대표와 상임이사' 세미나는 두 직책에 있는 사람

지역관리기업, 사회관계를 엮다

들에게 이들의 역할을 효과적으로 조합하는 방법을 알려주는 것을 목표로 한다. '신임 상임이사' 교육 프로그램은 해당 직책에 필요한 기본적인 기술과 방법을 가르친다. '프랑스 순회' 훈련은 지역관리기업이 가지고 있는 연수 프로그램의 다양성에 기반하여 직원들이 다른 지역관리기업에서 이러한 다양성을 경험할 수 있도록 하는 독창적인 훈련 도구다. 다른 연수 프로그램들도 필요에 따라 조직될 수 있다.

이러한 내부 연수 프로그램은 이중적 목표를 가진다. 먼저 지역관리기업의 효과적 운영을 위한 도구를 제공한다. 지역관리기업이 갖는 독특한 성격을 고려할 때, 이 도구들은 외부에서 구할 수 없는 것들이다. 동시에 내부 연수 프로그램들은 서로 다른 주체들 사이의 수렴을 돕고, 이를 활성화하는 지역관리기업 운동의 통합적 요소다. 그 때문에 각각의 지역관리기업이 이 내부 연수 프로그램에 참여하는 것이 중요하다. 연수 프로그램에 보내기 위해 일부 책임자를 일상 업무에서 벗어나게 해주는 것은 어렵지만 필요한 일이다.

| 경영 및 행정:상근 실무팀 |

지역관리기업은 각각의 규모와 활동, 문화에 걸맞은 상근 실무팀에 의해 운영된다. 상근 실무팀이 수행하는 기능은 무엇일까?

첫 번째는 지도부의 기능이다. 상임이사의 역할을 검토할 때, 그 논리를 기술한 바 있다. 주요 지역관리기업에서 이 기능은 운영에 핵심적으로 참여하는 구성원들로 구성된 팀에 의해 집합적으로 담보된다. 여기에는 상임이사 외에도 부상임이사(부소장), 회계 및 행정 책임자, 현장 기술 실무책임자 등이 포함된다.

상근 실무팀의 두 번째 기능은 안내, 사무, 경영 및 회계와 관련된 기능이다. 작은 지역관리기업에서는 이 기능을 한 사람이 담당하지만, 규모에 따라 더 많은 사람이 이를 분담할 수 있다. 이 역할을 위해서는 회계를 들여다볼 때 필요한 진지함 외에도 운동성이 요구된다. 실제로 행정, 공공 기관 및 주민들을 상대할 때 지역관리기업의 고유성을 고려해야 하는 것은 이들 행정 책임자들이다. 다른 모든 상근 실무직과 마찬가지로 이들 행정 관련 직책들도 안내 활동에 참여한다. 지역관리기업에서는 가장 평범하고 기술적인 직무들이라 할지라도 사회적 차원을 가지고 있다.

'안내'라 불리는 기능은 지역관리기업의 특수한 성격을 보여준다. 이 기능은 일반 기업의 안내 데스크에서도 찾아볼 수 있지만, 내용 면에서는 전혀 다르다. 지역관리기업의 안내 담당자는 찾아오는 모든 사람들을 맞이하며, 잘 운영되는 지역관리기업에서는 세상의 모든 근심거리가 모여들어도 아무도 이를 무시하지 않는다. 누수에 대해 항의하러 오기도 하고, 종교 집단에 대한 보조금을 요청하러 오기도 하고, 홀로 남겨진 부모에 대한 도움을 부탁하러 오기도 하고, 훈련이나 일자리를 요구하러 오기도 하며, 새로 그려진 낙서를 신고하러 오기도 한다. 대부분은 여성 안내 담당자가 이러한 이야기들을 듣고, 답하고, 다른 곳으로 보내거나, 돌려보내며, 또다시 듣고, 관계를 맺어주며, 제안하고, 메모를 하고, 이전을 시키며, 늘 주의와 인내를 가지고 듣는다. 이 업무는 쉼이 없다. 업무가 세련되고 효과적으로 이루어질수록, 지역관리기업의 파트너들은 주민들에게 "지역관리기업에 가서 당신을 위해 뭔가를 해줄 수 있는지 알아보세요."라고 권고를 하게 되며, 그 결과 일이 더 많아지게 된다. 열린 창구 기능은 사회관계를 엮는 지역관리기업의 사명에서 중심적이며, 모든 활동은 이 기능으로 수렴된다.

지역관리기업의 상근 실무팀이 담당하는 다른 고유한 기능들이 있을 수 있다. 예를 들면, 지도교사tuteur의 기능이 그것이다. 지도교사는 노동통합 대상자의 동반자이자 훈련 교사이다. 지역관리기업에 따라, 지도교사는 이 기능을 더욱 실용적인 다른 기능들과 겸할 수 있지만, 지도교사의 기능을 위한 훈련을 받고 이를 위한 능력을 발휘한다. 다른 기능은 개발 담당agent de développement, 근린 담당agent de proximité 등과 같은 독창적인 것들이다. 이 기능들은 상근 실무자들만이 담당할 수 있는 항상성과 전문성이 필요하다.

노동통합 대상자들의 사회적 어려움이 증가함에 따라, 지역
관리기업은 이러한 어려움을 해결하기 위한 독창적 기능들을 고
안하고 개발할 수 있다. 여기에는 지도교사와 훈련 교사 외에도,
가끔은 다른 조직들에서도 찾아볼 수 있는 민간단체 활동 코디
네이터 또는 단체 활동 운영자pilotes d'actions collectives 등이 있다.

앞서 살펴본 현장 기술 실무책임자를 보자. 규모가 있는 지역
관리기업의 상근 실무팀은 기술 책임자와 작업반장들로 구성되
어 있으며, 기술 책임자는 작업팀들이 일하는 각각 활동 분야를
담당한다. 이때 지역관리기업은 일반 기업과 비슷한 방식으로,
다시 말해 피라미드식 위계 구조에 기반하여 작동한다.

노동통합 대상자 채용과는 달리, 상근 실무팀 구성원들은 해
당 직무의 필요에 따라 채용을 하게 되며 반드시 해당 지역에서
만 사람을 찾지 않는다. 어떤 경우에는 지역 내에서 채용하는 것
이 우선순위이기도 하지만, 가끔은 그 반대로 지역 주민이 해당
직무를 수행하기에 가장 적합하지 않을 수도 있다. 또 반드시 실
업자 중에서 고용하는 것도 아니다. 상근 실무팀 전문 인력들은
희귀 조류와 같아서 이들이 나타나거나, 다른 곳을 그만두었거
나, 구인 광고를 보고 들렀을 때와 같은 기회들을 놓치지 않으려
고 한다.

가끔은 노동통합 대상자 중에 상근 실무팀으로 오기에 적합

　　　　　　　　지역관리기업, 사회관계를 엮다

한 사람을 발견할 수 있다. 엄밀히 말하면, 사회관계를 엮는 프로 그램의 결과로 이들이 책임자 역할을 맡고 지역관리기업 상근 실무팀에 들어올 수 있는 역량이 확인된 것이다.

| 노동권 |

노동권과 지역관리기업의 사명은 늘 완벽하게 일치하지는 않 는다. 단기 계약 연장이나 채용에서의 평등과 같은 규칙들은 지 역관리기업의 내부 논리에 부합하지 않는다. 노동부 공무원 중 에서 어떤 이들은 필요한 조정을 도와주지만, 다른 이들은 그렇 지 않다.

이러한 사정에도 불구하고 어찌 되었든 지역관리기업들은 다 음과 같은 이유 때문에 노동권을 적용할 필요가 있다. 첫째, 지역 관리기업들이 발전하고 점차 명성을 얻으면서 지역관리기업들 은 오해를 받기 시작했으며, 어떤 이들은 지역관리기업이 곤란 에 처하기를 기대하고 있다. 둘째, 노동통합 대상자들에 대한 지 역관리기업의 교육적 역할을 강화할 필요가 있다. 노동권은 현 실의 원칙을 표현하는 것이다. 만약 노동통합 대상자 한 명이 업 무상 거짓말을 하면, 그는 해고된다. 현장 실무책임자가 해야 할 일을 하지 못하면, 그도 해고된다. 하지만 상임이사가 해고를 남발하거나 다른 잘못을 범하게 되면, 그는 노동재판소^{prud'homme}에 가야 할 것이다.

노동권은 공공시장이나 상거래에서의 규칙과 같은 기능을 하면서 일정한 규범을 제공한다. 규범이 현실에 전혀 부합하지 않으면, 지역관리기업은 다른 기업의 수장이 하듯이 규범의 적용에 대한 협상을 시도할 것이다. 그렇지 않으면, 사회생활의 다른 규칙들을 받아들이듯이 받아들여야 할 것이다. 직원들의 대의기구 및 대표자, 노동조합 선거, 법정 위원회 등 직원들의 대의 기구에 관련된 모든 권리가 진지하게 적용되고 있는지도 잘 살펴야 한다. 지역관리기업이 사회적 목적을 추구한다고 해서 노동자들의 대의 기구와 같은 오래된 실천 방안의 문제에서 벗어날 수는 없다.

| 단체협약과 고용주 조합 |

단체협약의 실행은 두 가지 필요에서 비롯된다. 첫 번째 필요는 외부적인 것이다. 법은 10인 이상의 사업장이 단체협약의 적용을 받도록 강제하고 있다. 지역노동고용직업훈련국들은 지역관리기업에 청소, 건물 관리 또는 사회문화센터 등과 같은 업종별 단체협약을 적용하기 원하지만, 이러한 접근은 지역관리기업

지역관리기업, 사회관계를 엮다

의 특징을 존중하지 않기 때문에 적합하지 않다. 두 번째 필요는 내부적인 요인이다. 노동권과 관련된 지역관리기업들의 관행을 통일하는 일이 점점 더 중요해졌다.

따라서 문제는 단체협약이 지역관리기업이라는 업종 자체에 대해 이루어질 수 있는가에 대한 것이 되었다. 일반적으로 단체 협약의 체결은 노동조합들과 경영자 총 연합회 또는 중소기업 연합회 사이에서 이루어진다. 지역관리기업의 대표들이 이 고용 주 조직에 소속되기를 원하지 않을 때는, 효력을 갖는 단체협약 을 체결하기 위해 노동조합과 직접 상대할 수 있는 고용주 조합 을 구성해야 한다.

그 결과로 지역관리기업의 대표자들이 소속된 지역관리기업 고용주 전국조합Syndicat d'employeurs Régies de quartier, SNPERQ이 설립되었고, 노동조합들과의 협상이 진행되었으며, 단체협약이 1999년 4월 12일에 체결되었다. 고용주 조합의 임무는 협상과 협약의 적용에만 국한되지 않으며, 지역관리기업들에서 노동권 적용을 담보하고 관련된 법적 개입을 진행할 수 있다.

| 지역관리기업의 프로젝트 |

다른 모든 조직과 마찬가지로 지역관리기업은 자신이 처한

환경에서 활동하기 위해 전략적 운영 기법이 필요하다. 지역관리기업은 예측 가능한 방식으로 사고하고, 지표를 이용하며, 운영을 구상하는 과정에 직원과 파트너를 참여시키며, 활동 방향에 대해 명료하게 설명할 줄 알아야 한다. 간단히 말해, 지역관리기업은 프로젝트를 관리하는 것이다. 지역관리기업의 프로젝트란 무엇일까?

각각의 지역관리기업은 활동 방향을 프로젝트라는 방식으로 공식화하기 이전에 이미 온전한 하나의 프로젝트다. 장기간을 전망하면서 생각하고, 상황의 전개를 예견하는 것 자체가 이미 자신을 미래로 투사하는 행위projeter라는 점에서 프로젝트라고 볼 수 있다. 만약 하나의 구체적인 프로젝트를 통해 지역관리기업이 자신의 미래를 바라보는 방식을 드러낸다면, 이는 동시에 경영의 도구이자 운영의 수단으로 쓰이게 된다. 이러한 의미에서 프로젝트는 어디로 가고, 왜 가야 하며, 어떻게 진전해야 하는가에 대한 최소한의 공식화라 할 수 있다. 프로젝트는 5년 정도의 상대적으로 긴 기간을 염두에 두고 만들어지며, 문서의 형태로 목표와 수단, 기간, 주체를 정한다. 암묵적 의도를 공식적 프로젝트로 바꾸기 위해서는 어떠한 조건들이 필요할까?

지역관리기업 관련 주체들의 참여

한 조직의 프로젝트는 기술자들이나 전문가들만의 일이 아니며, 조직에 관련되는 주체들 모두의 생산물이다. 잘 구상된 기업의 프로젝트는 직원과 임원 모두의 참여에서 나올 수 있다. 그러나 지역관리기업은 관련된 주체들의 다양성이라는 점에서 문제가 복잡해진다. 지역관리기업의 프로젝트에는 직원, 임원 그리고 파트너들이 관련된다.

이러한 세 주체는 서로 다른 방식으로 프로젝트 구성에 참여하게 된다. 지역관리기업의 파트너들은 이사회에 참여하지만, 이사회는 지역관리기업의 파트너들이 갖는 관점의 다양성을 담보하기에 충분치 않다. 잠재적 또는 특정한 파트너들을 정확하게 고려하면서, 지역관리기업의 미래, 발전, 내부 프로젝트 등에 대해 생각하는 것이 중요하다. 따라서 프로젝트를 공식화하고자 할 때, 다양한 성격의 모든 파트너가 참여하는 것이 바람직하다.

노동통합 대상자들은 지역관리기업에서 고용의 기회를 가지는 동시에 지역 활동에 참여하는 지역 주민들이다. 이들이 양질의 서비스를 생산하고 지역과 도시의 삶에 참여하는 것을 기대한다면, 지역관리기업 프로젝트의 구상에서부터 이들을 참여시켜야 한다. 더 정확하게는, 이러한 참여 과정은 주민들이 지역관리기업의 미래에 관해 문서로 만들어진 형태로 운영 과정에 지속적으로 참여하게 해준다.

프로젝트를 공식화하는 어려운 임무를 맡는 것은 지역관리기업의 상근 실무팀이다. 대표와 상임이사가 이 공식화 과정에서 중요한 역할을 하지만, 동시에 이사회, 임원진 그리고 운영팀과 안내팀 등의 적극적인 공감대가 필요하다. 실제로, 각각의 의견을 수렴하고, 자문 회의를 조직하며, 구체적 문안과 내용을 제안하고, 문서로 만들어진 프로젝트가 승인되도록 마무리 짓는 것은 바로 상근 실무팀 전체다.

미래를 전망하는 정책:비전 수립

미래를 전망하는 정책은 기업, 지자체, 기관 등의 조직들이 미래를 준비하기 위해 가지고 있는 수단들을 가리킨다. 미래 전망은 향후 몇 년 동안의 방향에 대해 미리 살펴보는 기술이다. 조직이 작고 그 현황을 쉽게 이해할 수 있다면, 미래를 전망하는 정책은 필요하지 않다. 하지만 조직이 커지면서, 특히 대표, 상임이사, 임원진이 바뀌거나 예기치 못한 어려움에 처했을 때, 지역관리기업은 미래를 준비하는 정책을 가지고 있어야 한다. 이 정책들은 어떠한 것들이고, 어떻게 만들어낼 수 있을까?

먼저 지역관리기업에 관련된 미래 전망의 원칙들을 살펴보자. 지역관리기업의 미래 전망은 무엇보다도 지역 주민과 파트너들의 참여에 기반하여 만들어진 프로젝트를 실행하고 관리하는 것에 달려있다. 따라서 미래 전망은 우리가 사회적 성격의 프로젝트라고 부르는 것과 그것이 실행되는 민주적 과정에 달려있다. 이러한 의미에서 미래 전망은 무엇보다도 이사회가 책임을 지는 정치적 성격의 사명이다. 그러나 이는 또한 다양한 차원을 고려하는 기술적 도구로 변환될 필요가 있다.

어떠한 목적에 대해 미래를 전망할 것인가? 무엇을 생각하는 것이 적절한가? 주변 환경의 변화, 사명의 변화, 파트너들과의 관계 변화, 지역관리기업 자체의 변화 등 일련의 변화들이 가져올 수 있는 조합과의 충돌을 고려해야 한다.

누가 미래 전망을 위한 정책들을 만드는가? 미래 전망의 정책을 만드는 것은 지역관리기업의 임원들, 특히 상임이사다. 이는 지도부로서 수행해야 하는 기술적 역할이다. 실무진에 의해 만들어진 미래 전망 정책들은 이사회에 제출되어 그 방향에 관한 토론, 선택, 승인의 과정을 거친다.

미래 전망 정책들은 어떠한 형태를 가지는가? 이것은 대안적 시나리오의 형태를 띠는 미래에 대한 예측들이다. 예를 들어, 사회주택 사업자가 예정된 개축에 착수할 때, 지자체가 노동통합 관련 계획을 실행에 옮길 때, 이러한 정책들을 투표에 부칠 때, '지역관리기업은 어떠한 대중들에 우선순위를 부여해야 하는가'에 대한 몇 가지 대안적 시나리오가 논의될 수 있을 것이다. 정책들은 한번 만들어지면, 정기적으로 업데이트되고 전파되어야 하며, 이는 지역관리기업의 프로젝트를 설명하기 위한 논거로 사용된다.

의도를 분명히 알리는 것

생각은 알려져야 하며, 그래서 생각을 알리는 일은 커뮤니케이션 업무에 속한다. 그러나 지역관리기업은 이윤 추구를 목적으로 하지 않기 때문에 상업의 세계에서 벌어지는 규칙과도 같은 요란스러운 커뮤니케이션을 피할 수 있다. 대신에 지역관리기업은 파트너들에게 자신이 무엇을 알고 있고, 무엇을 원하며, 무엇을 경영하고 생산할 수 있는지를 정확하게 알려줄 수 있는, 소박하면서도 까다로운 커뮤니케이션이 필요하다.

모든 지역관리기업은 지역신문, 모임, 전단, 제도적 개입 등의 다양한 방식을 통해 커뮤니케이션을 수행한다. 우리가 주목하는 것은 지역관리기업이 특정 순간에 자신을 둘러싼 모든 환경에 장기적 전망을 공유하게 하는 것이다. 주변 환경을 구성하고 있는 행위 주체들이 이 과정에서 제기되는 위험, 의도, 기회, 모순 등과 관련하여 자신들의 입장을 가질 수 있어야 한다. 이렇듯 프로젝트는 내부 운영을 위한 도구인 동시에, 둘러싼 환경의 복잡성 속에서 운영의 방향을 설정하는 방법이기도 하다.

지역관리기업, 사회관계를 엮다

| 재무적 논리 |

오늘날 서구에서는 '경제적 인간homo oeconomicus'이 지배적 인간형이고, 금융 논리가 세상을 지배하고 있다. 연대적 방식의 발전을 지향하는 다른 조직들과 마찬가지로 지역관리기업은 신자유주의에 반대하는 운동이며, 이윤을 동력으로 삼지 않는다. 따라서 일반 기업들의 금융 논리, 특히 자본에 대해 갖는 관계들과는 전혀 다른 논리를 가지게 된다. 그러나 지역관리기업이 자본의 필요성 자체를 부인하는 것은 아니다. 연대 방식의 발전을 지향하는 파트너들과 함께 전통적 은행자본과는 구별되는 금융 네트워크를 만들어야 한다.

혼합적 성격을 가진 조직으로서, 지역관리기업들은 자연스럽게 혼합된 자원들, 즉 서로 다른 출처에서 나오는 자원들에 의존하게 된다. 혼합적 성격은 더 나아가 조성된 기금의 사용에까지 확장된다. 지역관리기업은 이 자원들을 일반 기업의 자본에 상응하는 자산 구성과 일반적인 운영비 조달을 위해 사용한다.

지역관리기업들의 첫 번째 재원은 공공 기관이다. 지역관리기업들은 설립 단계에서 보조금이나, 자산 확충과 장비 설치를 위한 투자 혜택을 받을 수 있다. 이는 자본에 관련된 사항이다. 국가와 지자체는 지역관리기업에 공공서비스의 사명을 위임하면서 투자를 한다. 공공 기관은 이에 대한 반대급부로 금융 이익을 요구하지는 않지만, 사회관계에 이바지하는 이 고유의 사명에 대한 점검을 요구한다. 재정 참여는 이들 공공기관이 지역관리기업 이사회에서 좌석을 갖는 것을 정당화한다. 많은 경우 투자를 하는 것은 지자체들이지만, 국가도 도지사의 대리인, 도의회 또는 특정한 기관들을 매개로 투자를 한다.

두 번째 재원은 은행이다. 은행은 어느 조직이든 간에 절대적인 금융 수단이다. 전통적 은행들은 지역관리기업의 작동 논리를 이해하지 못하며, 우호적 협력자가 되지 못한다. 하지만 어떤 은행은 다른 은행보다 지역관리기업과 같은 민간단체들과의 관계를 잘 유지하며, 지역관리기업의 공공시장 매출을 토대로 신용 담보를 제공하기도 한다.

은행 시스템의 주변부에 있는 일련의 금융 조직들은 지역관리기업의 논리에 더욱 적합한 파트너가 될 수 있다. 예금 공탁 금고Caisse des dépôts et consignations나 프랑스 악티브 기금Fonds France Active*은 지역관리기업 자본에 참여하고, 대출과 투자를 제공할 수 있으며, 이는 그들의 기본적인 사명이기도 하다.

아직 충분히 이용되고 있지는 않지만, 앞으로 적극적으로 검토할 필요가 있는 세 번째 재원은 리스크 캐피탈 회사다. 이 회사들의 사명 중 하나는 지역기업들에 재정 충당을 하기 위한 지역

• • •
* 프랑스의 대표적인 사회적 금융 – 옮긴이 주

지역관리기업, 사회관계를 엮다

예금을 조성하는 일이다. 주식회사들에 제한되어 있다는 점에서 리스크 캐피탈은 원칙적으로 지역관리기업과 관계되지는 않는다. 그러나 지역의 논리에 따르면, 이는 명백하게 지역 수준의 예금이 증가될 가능성을 의미한다. 만약 지역관리기업이 필요한 자금 이상의 자본을 반드시 가지고 있어야 하는 것이 아니라면, 자신의 재원을 다각화하는 일이 필요할 수 있다. 특정한 활동들을 확산하기 위해 보충적인 자본이 필요할 수 있기 때문이다. 또 지역이나 이웃에 기원을 둔 자본은 지역 주민의 연대 의식 고취에 이바지하고 사회적 관계 맺기에 참여한다.

아직 충분하지는 않지만 점점 더 중요해지는 재원은 재단들이다. 다양한 이유로 사회적 활동에 관심을 두고 있고, 지역관리기업의 활동을 인정하는 많은 재단이 있다. 기업 재단도 있고, 좀 더 제도적인 성격의 재단도 있다. 이 재단들에 대한 접근성은 구체적이고 독창적인 프로젝트를 만들어냄으로써 가능해진다. 재단들과의 협력은 때때로 지역관리기업 전국네트워크나 다른 주체의 개입 때문에 가능해진다. 재단들은 지역관리기업 설립에 재원을 충당하거나, 지원을 받기 어려운 활동들을 지원할 수 있다.

| 세제 관련 논리 |

  실천적으로 볼 때, 세금 제도는 개인들이 국가에 이바지한 부분을 재분배하는 규칙이다. 이러한 정의에 따르면, 세제는 많은 행위자가 동시에 주고받는 상호부조 게임이라 할 수 있는데, 지역관리기업이 바로 그 경우다. 지역관리기업의 혼합적 성격은 자연스럽게 고유한 세제 규칙의 적용을 요구한다. 전통적으로 실용주의적 성격을 갖는 프랑스 세제는 조직의 법적 형태가 아닌 그 활동의 실제적 성격을 고려한다. 지역관리기업의 세제를 결정하는 것은 이들이 제공하는 재화와 서비스의 성격이다. 이들 재화와 서비스를 구별하는 기준은 P로 시작하는 네 단어, 즉 서비스 공급prestation, 가격prix, 대중public, 공공성publicité이다. 이들 기준에 따라 지역관리기업들은 기업 관련 조세의 적용을 받기도 하고 그렇지 않기도 한다. 실제로 지역관리기업에 관련된 주요한 세제 규칙을 결정하는 것은 재무부와의 단체 협상이다.

  2001년으로 거슬러 올라가는 예산 부처의 권고에 따르면 지역관리기업은 부가가치세, 법인세 그리고 직업세 등 세 가지 상업세를 면제받을 수 있다. 이 경우 급여는 세금 적용을 받는다. 대부분의 지역관리기업은 이 방식을 선택했다. 그러나 각각의 지역관리기업은 조세법을 온전히 준수하면서 자신들의 활동과 논리, 그리고 이해에 더 적합해 보이는 세제를 선택할 수 있다.

6

...

지역민주주의에의 참여

지역관리기업은 어떠한 방식으로 토론이나 직접 행동을 통해
지역의 민주주의를 활성화하는 운동에 이바지할까?
지역민주주의 운동은 어떻게 대의 민주주의와 조화롭게 결합할 수 있을까?
지역관리기업은 어떻게 지역의 창의적인 실천으로 자리매김할 수 있을까?
지역관리기업이 연대적 개발에 대해 언급할 수 있을까?

민주주의는 국민(민중)이 그들이 사는 도시(지역공동체)나 국가
를 지배하는 정치 원칙이다. 이러한 원칙은 역사의 흐름에 따라
다양한 방식으로 변화되어왔으며, 그 변화는 도시나 국가에 따
라 달라진다. 그리고 누구를 국민으로 규정할 것인지, 누가 국민
을 규정하는지에 따라 달라진다. 그 원칙은 일반 원칙을 적용하
는 실천 양식에 따라 달라지기도 한다. 사실 동일한 장소에 집결
된 국민의 수가 너무 많은 까닭에 대의 민주주의라는 제도가 발
명되었다. 그러다 보니 대다수 국민은 그들이 사는 도시(지역공
동체) 문제에 대해 내재된 의식을 가지고 있지만, 그 문제가 어떤

효과를 낼지 또는 어떻게 전개될지 평가할 수 있는 데이터나 기술적인 도구를 가지고 있지 않다. 이러한 까닭에 정치 지도자들은 항상 곁에 전문가들을 두고 있으며, 이러한 과정을 통해 전문가들이 점차 국민의 소관을 차지하게 되는 것이다. 그 결과 유럽의 여러 국가에서 민주주의는 부정할 수 없는 교리인 동시에 가상의 이념이 되어버렸다. 모두가 민주주의를 주장하면서도 많은 이들은 민주주의를 남용한다. 또 민주주의에 대한 사고나 실행 방안(다수결의 원칙)에 대한 혼동과 오해가 난무하기도 하지만 그 원칙은 절대적인 것으로 남아있다.

그런데 현실에서 민주주의의 원칙은 늘 상황에 따라 조정되고 개선되며 다듬어지고 다르게 적용된다. 늘 새로워지는 것이다. 프랑스에서 민주주의의 전통은 역사가 짧다고도 할 수 있고 길다고도 할 수 있다. 짧다고 할 수 있는 까닭은 대략 겨우 두 세기 전에 제도로서 부과되었기 때문이고, 길다고 할 수 있는 까닭은 제도로서의 민주주의가 단 두 세기만에 폐해를 양산하여 손질이 필요하기 때문이다. 서구의 민주주의는 행정적으로나 제도적으로 무거운 부담이 되어, 바람직한 적응 방식을 찾을 수 있는 여지나 유연성을 잃어버렸다고 할 수 있다. 오늘날 민주주의 도구는 특정한 인구 집단만이 의견을 표명하고 지역공동체의 삶에 참여하게 하며, 그조차도 불완전한 방식으로 이루어진다. 따라서 현재의 민주주의 도구는 수정과 손질이 필요하다.

지역관리기업은 전 국민이 수용하고 있는 현행 민주주의 제도를 대체하고자 하는 것이 아니다. 다만 민주주의의 원칙을 교외 지역의 역동적이고 독창적인 현실에 맞게 조정하고 수정하는 방법을 제안하고자 한다.

지역관리기업은 재정 규모가 작은 조직인 데다가 정책 변동에 영향을 받을 수밖에 없으며, 이미지나 분위기를 바꾸려는 의원들이나 파트너들의 변덕에도 영향을 받을 수밖에 없다. 그렇지만 지역관리기업은 대의 민주주의 제도하에서 운영되어야 한다. 동시에 지역관리기업은 본질적으로 주민에 밀착한 조직이므로 마을 주민에게 적합한 표현 방식과 참여 방식의 필요에 따라 더욱 창의적이고 직접적인 민주주의의 실천을 만들어간다. 이 말은 지역 주민들이 지역의 사안에 대해 말하고 책임을 지는 것을 의미한다. 지역관리기업은 자신의 실천에 기반하여 민주주의 원칙의 쇄신을 위한 논의에 이바지하고 있다. 현재 대의 민주주의에서는 선출된 대표자들에게 이양한 권력을 국민이 통제하기 어려운 상황이지만, 지역민주주의는 근본적으로 참여 민주주의의 성격을 가진다. 지역민주주의는 지역공동체의 일을 운영하는 과정에서 주민들이 논의하게 하고, 실제적이고 지속적으로 주민들이 참여할 수 있도록 한다. 지역민주주의는 공동 운영을 가능하게 한다. 그리고 지역의 재정이 지역의 필요와 지역의 자원, 그리고 지역에서 제기되는 문제에 따라 타협이 이뤄질 수 있도록 한다.

| 지역민주주의 |

지역민주주의는 대의 민주주의와 같은 원칙에 근거한다. 하지만 지역적 특성에 따라 지역관리기업이 지역민주주의에 개입하는 방식은 달라질 수 있다. 우선 지역민주주의는 직접적이라는 장점이 있다. 그래서 시민들이 서로 만나고 서로 이해하는 관계의 틀 속에서 직접 와서 말하고, 토론하고, 논쟁하기도 한다. 또한 시민들이 마을의 책임자들에게 다가가 직접 말을 건네고 그들의 질문과 계획, 요청과 요구 사항에 답하도록 할 수 있다.

이러한 까닭에 지역민주주의는 거의 공식성을 띠지 않고 오히려 비공식성을 띠기도 한다. 이렇듯 직접적인 접촉은 정치색을 띠는 토론의 형태로도, 미리 준비된 자문 프로그램의 형태로도, 또는 신중히 준비된 청원의 방식으로 이루어진다. 만약 대화를 통한 해결책이 마련되지 않는다면 감정적 대응이나 대중적 집회로 행동이 이어지기도 한다. 어찌 되었든 지역적 표현은 짧은 순환 구조를 갖는다.

이 '짧은 순환'의 논리는 '지구적으로 사고하고 지역적으로 행동하라'라는 원칙에 근거한다. '지구적으로 사고하라'라는 말은 성찰의 범위가 한 지역이나 측면에 한정되지 않는다는 것을 뜻한다. 마을의 문제는 도시 차원, 광역 지방 차원, 전국 차원, 그리고 전 세계적인 차원에서 성찰해야 한다. 한 명의 직원을 채용할 때나 이웃 간의 문제를 다룰 때도 실업자의 수나, 가난한 남부 국가와 부유한 북부 국가의 관계에 근거하여 판단해야 한다. 반대로 "지역적으로 행동하라"라는 말은 실천의 장을 분명히 마을로 한정한다는 것이며, 마을은 대개 인구가 밀집한 대도시에 속해 있다. 지역민주주의는 엄밀한 의미에서 지역에 관한 것만 다룬다. 이러한 의미에서 지역민주주의는 부분적일 수밖에 없다. 지역의 행동 권한에 속하지 않는 문제들은 현실에서 지역민주주의를 비켜 간다. 지역민주주의에서 더욱 일반적인 문제를 다룰 때는 논의의 수준에서 다루어질 뿐이고, 지역민주주의의 고유한 권한을 넘어서는 경우는 아주 드물다. 하지만 지역민주주의의 주된 단점은 또한 주된 장점이 되기도 한다. 그것은 지역민주주의가 갖는 비공식적이고 주변적인 성격에서 비롯된다.

사실 지역민주주의는 직접적이고 비공식적인 성격을 갖는 탓에 어떤 공식적인 형태로 존재한 적이 거의 없다. 그리고 반드시 제도화된 대의 민주주의의 규칙에 따라야 한다. 하지만 대의 민주주의가 시민을 주권자로 만드는 것이라면, 지역민주주의는 주민(시민)을 공식적인 정치제도의 합법적인 권력 기구로 가는 징검다리가 되게 한다.

그런데 오늘날의 대의 민주주의, 선거 민주주의는 지나친 형식주의에 빠져 있다. 이에 많은 정치 책임자들이 직접 민주주의에 근거한 지역적 표현 양식과 대의 양식을 요구하고 있다. 그리고 이를 통해 그들은 자신이 위임받은 권한을 가지고 이러한 징검다리 역할을 잘할 수 있기를 바라고 있다. 이렇게 볼 때 진정한 지역민주주의를 요청하는 이들은 다름 아닌 민주적인 절차로 시민의 대표자가 된 의원들과 정치 책임자들이다. 하지만 이들은 이미 존재하는 제도를 통해서 자신들이 위임받은 임무를 온전히 실현할 수 없는 실정이다. 좌파든 우파든 이 의원들은 어느 지역에서 민주적 삶의 조건을 개선할 수 있는 모든 주역의 등장에 주의를 기울이고 있다.

그동안 아래로부터의 풀뿌리 운동의 노력으로 불과 얼마 전부터 기초 자치단체의 법규에 따라 자문 위원회를 둘 수 있게 되었다. 이 위원회는 대부분 지역민주주의를 대변하기 위해 이미 존재하던 주역들이나 기구들이다. 지역관리기업은 다른 조직들과 더불어 지역 주민들이 정치적 의사를 표현할 수 있는 다양한 방식에 참여하고 있다. 이것을 지역관리기업에서는 '동맹의 원칙'이라고 부른다.

지역관리기업에 있어 민주적 절차에 이바지하고자 하는 목적을 가진다는 것은 시민이자 주민인 지역민들의 표현 방식을 이해하고, 그것을 다룰 수 있게 된다는 것을 뜻한다. 그렇게 해서 지역관리기업은 민주적 절차의 매 순간에 개입하게 될 것이다. 그렇다면 지역관리기업이 개입하는 순간들에는 어떠한 것이 있을까?

지역관리기업, 사회관계를 엮다

토론

　민주주의는 토론을 먹고 자란다. 그런데 도시 외곽 지역 마을에서는 지역 문제에 관해 토론할 장소나 기회도 별로 없고, 찾기도 힘들다. 지역관리기업은 바로 이를 위한 장소와 기회를 제공한다.

　토론의 대상이나 주제는 마을 운영을 책임진 이들이 지역관리기업에 맡긴 임무와 관련된 것들이다. 이러한 임무는 비록 하찮을지라도 다수 집단의 이해가 걸려있고 공동체 전체와 관련된 문제들이다. 지역관리기업은 청결, 안전, 공적 영역과 사적 영역의 경계, 공공질서와 공공질서를 유지하는 데 있어 각 가정의 역할과 같은 주제와 밀접한 관계를 맺고 있기에, 이러한 주제와 관련하여 대중적 토론의 장을 만들 수 있다. 이러한 주제들은 평범하고 실제적이지만 동시에 고도의 정치적 주제가 되기도 한다. 예컨대 건물 현관 입구에 있는 휴지통의 악취와 관련된 토론도 정치적일 수 있다. 왜냐하면 어떠한 문제든 책임이 누구에게 있으며, 어떻게 해결책을 찾아야 할지 집단으로 고민해야 하는 문제는 모두 정치적일 수밖에 없기 때문이다. 청소하고, 보건 위생을 지키고, 페인트칠하고, 마을의 유지 관리를 하는 지역관리기업의 임무는 공공장소의 운영에 관한 양식, 소음 문제, 아이들의 교육, 다른 환경에서 온 주민과의 만남, 세대 간의 갈등 관리, 주민과 제도 운영자 간의 갈등 관리, 삶의 조건의 평등, 도시의 건설과 전환 등 더욱 폭넓은 토론으로 확장될 수 있는 문제들과 연관되어 있기 때문이다. 너무나 많은 주제가 있지만 다 구체적이고 실천적인 것들이어서 어떻게 다루고 어떻게 이해할 것인가 하는 문제는 결국 일반적인 정치 토론에서 다루는 것들과 별반 다름이 없다. 누가 책임지고, 어떻게 참여하고, 상호 존중하고, 행동의 자유를 가지며, 관용하고, 업을 일으키고, 권리와 의무를 다하는 문제이기 때문이다.

토론의 기회와 형태와 장소는 기술적인 문제이자 내용의 문제이기도 하다. 어떤 기회에 어떤 형태로 어디에서 토론하느냐 하는 문제 또한 의미가 있기에 내용의 문제가 되는 것이다. 건물 입구에서 만나는지, 사회복지센터에서 만나는지, 아니면 사회주택에서 만나는지도 중요하다. 또 지자체 의원이 토론을 주재하는지, 사회주택 대표자가 주재하는지, 아니면 지역관리기업이 주재하는지도 중요한 일이다. 마지막으로 지자체나 사회복지센터, 혹은 사회주택에서 토론이 개최되는지도 중요한 문제다. 그래서 지역관리기업은 토론 가능한 환경을 제공하고, 이루어질 토론과 관련하여 각자 어떤 역할을 해야 하는지도 생각해서 그에 맞는 역할을 부여하는 일도 담당한다.

지역관리기업, 사회관계를 엮다

실천 행동

    토론은 행동으로 이어질 때 의미가 있다. 그런데 때로는 긴급한 사안이 발생하면 사전 협의 없이 행동해야 할 때도 있다. 이러면 토론을 통해 실천 행동의 의미를 이해하고, 이어가는 것이 중요하다. 그런데 보통 실천 행동이란 토론의 결과에 따라 정해지는 것이기 때문에 자문 회의 절차에 참여하는 이들에 따라 토론이 구체화하기도 하고 진흙탕 싸움이 되기도 한다. 사실 토론이란 실천 행동보다 훨씬 가벼운 것이다. 그래서 지역관리기업이 민주적 절차를 실현하는 데 있어 스스로 세운 첫 번째 원칙은 행동으로 이어지지 않을 주제에 관한 토론을 결코 시작하지 말자는 것이다. 실천 행동은 책임자에게 맡겨질 수도 있고, 지역관리기업이나 문제를 제기한 주민들에게 맡겨질 수도 있다. 그 책임이 누구든 실천 행동이란 토론의 결과를 현실에 옮기는 과정이다.

    지역의 토론 과정에서 실천 행동의 책임은 사회주택 사업자나 지자체에 맡겨지는 경우가 빈번하다. 사람들은 이들이 정해진 방향으로 현실을 변화시켜나가기를 기대한다. 이때 지역관리기업의 역할은 그 방향으로 제대로 가고 있는지 점검하고 감시하는 것이다. 만약 지역관리기업이 실행 책임을 맡으면 스스로 통제하고 점검하는 과정을 거쳐야 한다. 어떤 경우든 실행 책임을 맡은 자들은 주민에게 보고해야 할 의무가 있다.

실행 책임의 주체가 주민들일 경우도 있다. 이것은 해당 지역에서 민주주의가 최고 단계에 이르렀다는 것을 뜻한다. 지역민주주의의 주역이 된 주민은 자신이 사는 지역의 한 부분에 스스로 시간과 노력을 투자하는 이다. 그(녀)는 공공의 이익과 공공영역을 고려하게 된다. 그(녀)는 야밤에 소란을 피우거나 학교 앞에서 마약을 파는 청소년들을 꾸짖으러 내려가기도 한다. 그(녀)는 지역관리기업에서 일자리가 공평하게 분배될 수 있도록 참여하기도 한다. 그(녀)는 이민자 출신과 프랑스 토박이들 간의 만남을 주선하기도 한다. 그(녀)는 초등학생을 위한 녹색 교실을 준비하는 데 참여하기도 한다. 한마디로 그(녀)는 결사체 활동과 정치적 활동에 자신을 투자하는 것이다.

지역관리기업은 더 많은 주민이 시민으로 사는 삶에 참여하게 하려고 다양한 역할을 한다. 지역관리기업 혼자 마을의 모든 문제를 해결할 수 없기에 주민들이 결사체 방식으로든 정치적 방식으로든 스스로 나설 수 있도록 독려한다. 지역관리기업은 참여적 실천과 시민의 개입을 전파하는 역할을 하는 것이다. 그러므로 지역관리기업은 교육적인 역할을 하고 본보기가 되어야 한다.

토론이든 실천 행동이든 이러한 민주주의의 형식은 비록 지역적이고 즉흥적이긴 하나 여전히 관례적인 측면에 머물러 있다. 총회에서 한 발언, 책임자 소환, 입장에 대한 논쟁 등은 이미

지역관리기업, 사회관계를 엮다

규칙이 정해져 있으며, 이러한 권리를 얻기는 매우 어렵다. 민주주의의 형식은 정해진 규율을 벗어나는 것을 참지 못한다. 특히 결사체 조직의 사무국 구성 문제나 어떤 사업 파트너를 선택할 것인지 투표해야 하는 문제와 같이 민감하고 복잡한 절차의 경우 더욱 그러하다. 결사체의 운영 방식에 낯선 외부인들의 눈에 이러한 결사체의 세계가 얼마나 묘하고 알 수 없는 세계로 보일지 쉽게 짐작할 수 있을 것이다. 그러므로 그 역할과 운영 메커니즘과 기능은 아무리 설명해도 지나치지 않다. 지역관리기업은 구체적이고 익숙한 문제들을 중심으로 서로가 잘 알고 있는 현실로부터 시작하여 주민들이 토론에 참여하여 발언하고 실천 행동에 나설 수 있도록 독려해 나갈 수 있을 것이다.

| 지역 주민에 의한 권력 획득 |

앞서 우리는 지역 주민들이 진정한 핵심 주체가 되지 않은 상황에서 지역관리기업을 시작하는 경우가 많다는 점을 강조한 바 있다. 현장을 살펴보면 지자체와 사회주택 사업자가 지역관리기업의 설립 주체가 되는 경우가 많다. 이러면 신속히 지역 주민에게 그들의 자리를 내주어야 한다. 보통 이것은 지역 주민의 권력 획득을 통해 이루어지는데, 다음과 같은 두 가지 방식이 있다.

첫 번째는 결사체의 운영 규칙에 따라 권력 획득이 이루어지는 방식이다. 가능한 한 이른 시일 내에 지역관리기업의 대표이사로 주민을 선출하는 것이다. 그리고 가능하면 이미 지역 내 제도적인 결사체 조직에 대응하여 힘의 균형을 맞추기 위해 지역관리기업의 이사회 내부에 자율적인 대표이사직, 즉 마을의 다른 여러 단체들로부터 독립적인 대표이사직이 주민에게 돌아갈 수 있도록 한다. 마지막으로 지역관리기업은 자기 마을의 문화를 잘 알고 있는 주민을 믿어야 한다.

두 번째는 지역 주민 전체가 지역관리기업의 실질적인 주인이 되는 방식으로, 이는 지역관리기업과 마을이 하나가 되었음을 뜻한다. 그리고 대중적 인기에 영합하는 포퓰리즘이나 즉흥주의의 관점이 아니라 민주주의 교육(페다고지)의 관점으로 보아야 한다. 민주주의는 스스로 배우는 것이기 때문이다. 그러므로 지역 주민들이 지역관리기업의 주인이 되는 것은 민주주의를 학습할 수 있는 아주 좋은 기회다. 이러한 기회는 종종 교외 지역에서 벌어지는 상황*처럼 긴장의 순간이나 극적인 드라마의 순간 또는 실천과 행동의 순간에 나타날 수 있다. 주민들이 지역관리기업을 포함한 지역의 여러 단체와 함께 행동함으로써 날카로운

• • •

* 여기서 말하는 상황은 예컨대 2005년 파리의 외곽 도시 생드니(Saint-Denis)에서 발생한 폭동과 같은 사회적 갈등 상황을 의미한다. 더 자세한 내용은《마을에서 함께 읽는 지역관리기업 이야기》의 '들어가며'를 참조하기 바란다. – 옮긴이 주

시민의식을 갖게 되고, 그들의 자리를 획득할 수 있게 되는 것이다. 따라서 이러한 순간을 포착하는 것이 중요하다. 지역 주민 스스로가 지역관리기업의 주인이 된다는 것은 마을 전체를 관리하고, 궁극적으로는 시민으로서 그들 자신의 운명을 스스로 통제할 수 있게 되는 것을 뜻한다.

최근 사회 전체가 겪고 있는 '자원봉사의 위기'는 시민 참여의 감소와 사회적 무관심을 보여준다. 이로 인해 지역관리기업도 타격을 입게 되었다. 실제로 많은 주민이 자기 마을 일에 관여하는 데 점점 더 소홀해지고 있다. 이러한 관점에서 보면 지역관리기업이 하는 일은 이러한 흐름에 역행하는 일인지도 모른다. 이것은 분명히 커다란 흐름이지만 비가역적인 것은 아니다. 그러므로 지역관리기업이 지역 주민을 어떻게 동원하고 참여시키느냐 하는 역량은 그들이 제공하는 서비스만큼이나 중요한 의미가 있는 것이다.

그리고 이러한 과정 자체가 민주주의의 과정이다. 지역관리기업의 모든 주체는 그들이 지자체 의원이든 사회주택 사업자든 결사체 회원이든 서로 연대한다. 각 주체는 이러한 실천 행동의 순간에 깨어있어야 한다. 왜냐하면 그 순간은 불확실하고 다사다난한 환경 속에서 나타나기 때문이다. 하지만 이러한 과정은 민주적 절차를 완성하기 위해 꼭 필요하다. 이러한 주체들의 깨어있음에 가장 민감해야 하는 사람은 제도화된 민주주의 시스템에 의해 선출된 의원들이다. 이 순간이 그들에게는 위협이 될 수도, 지지가 될 수도 있기 때문이다.

| 지역 정치 세력과의 관계 |

지역의 정치권력은 대의 민주주의와 지역민주주의에 기반한 다양한 기구로 이루어져 있지만, 제대로 중심을 잡지 못한 채 뒤뚱거리고 있다. 오늘날 프랑스에서 지역 차원의 전통적 대의 민주주의 기구는 기초 자치단체인 코뮌이다. 코뮌은 민주주의를 표현하는 핵심적인 공간이다. 이는 코뮌이라는 이름이 갖는 의미에서 그대로 드러난다. 코뮌은 그야말로 진정한 공동재common good, 즉 커먼즈이다. 역사적으로 코뮌은 코뮌 운동에 근거하며, 파리코뮌은 그중에서도 가장 유명하다. 코뮌 운동 당시 자유, 평등, 형제애를 상징하는 삼색휘장을 두른 코뮌 대표자들은 사람들로부터 한없는 존경과 존중을 받는 인물들이었다. 그들 중 다수는 코뮌의 대의에 실질적으로 헌신하는 이들이었다.

현재 코뮌은 시장과 부시장, 그리고 의원들의 업무를 분담하는 복합적인 운영 체계이다. 일반적으로 지자체 의원들은 자치단체가 제공하는 서비스를 운영하게 되는데, 이때 코뮌이 여기에 필요한 기술적 측면을 책임지게 된다.

지역관리기업, 사회관계를 엮다

정치적 측면에서 전통적 기초 자치단체 운영에 보완적 역할을 하는 기구는 마을위원회이다. 마을위원회는 실정법에 따라 최근에 등장했다. 1990년대부터 좌파와 우파를 막론하고 마을위원회는 어려운 마을에 설치되기 시작했다. 마을위원회는 섬세하게 잘 운영되면 매우 유용한 정치 기구로 사용될 수 있다. 그러므로 여기서는 지역관리기업과 마을위원회가 어떤 관계를 맺어야 하는지 이야기하고자 한다.

지역관리기업과 마을위원회의 관계는 단순하지 않다. 사실 마을위원회는 지역관리기업과 마찬가지로 지역민주주의의 표현이다. 그러므로 지역관리기업과 마을위원회의 활동 영역이 겹칠 수도 있고 활동 목적도 유사할 수 있다. 그에 따라 마을위원회가 지역관리기업 무용론을 주장할 수도 있을 것이다. 만약 마을위원회에서 마을 질서, 주민 관계, 농구장 설치 등에 대해 논의하고 있다면 지역관리기업에서는 이러한 문제에 관해 토론할 필요가 없을 것이고, 그 반대의 경우도 마찬가지다. 이때 어떻게 역할 분담을 할 것인지 정하는 일은 쉽지 않다. 대략 제안한다면 마을위원회는 더욱 일반적인 주제를 다루고, 지역관리기업은 도시 관리와 관련된 주제를 다루는 정도로 정리할 수 있을 것이다.

중요한 것은 끊임없이 변화하는 지역민주주의 체계 안에서 지역관리기업 스스로가 자신의 자리를 만들어내야 한다는 것이다. 지자체 의원들은 전통적 형태의 민주적 토론과 행동이 지역 상황에 맞게 활발히 이루어지도록 힘써야 한다는 사실을 알고 있다. 이것은 민주주의의 문제이자 지역 주민과 의원들의 이해관계가 얽힌 문제이기 때문이다.

| 중재의 역할 |

민주주의를 실현하는 여러 기능 가운데 특히 지역관리기업과 관련된 것은 중재이다. 지역에서 중재 역할을 맡은 주체는 다양하며, 지역관리기업도 그중 하나다. 여기서 말하는 중재란 무엇일까?

중재란 다리를 놓는 것, 관계를 형성하는 것, 서로 이해할 가능성과 기회를 만드는 기술이다. 중재가 항상 평화롭게 이루어지지는 않는다. 오히려 중재란 갈등을 바탕으로 이루어지기에, 갈등을 극복하기 위해 갈등에 직면해야 하는 기술이라 할 수 있다. 지역에서 중재는 타인을 알고, 그에게 다가가고, 그와 부딪히며, 그에게 합류하거나 그와 결별하는 방법의 하나다. 그리고 중재자는 이러한 관계를 가능하게 만들거나 쉽게 만드는 사람이다.

지역관리기업에는 서로 이해가 다르거나 때로는 반대가 되기도 하는 세 주체인 지자체, 사회주택 사업자, 지역 주민이 참여하므로 지역관리기업 자체가 중재자의 역할을 한다고 할 수 있다.

지역관리기업이 지속하려면 중재자 역할을 해야만 한다. 따라서 지역관리기업은 이러한 중재 기술을 개발하고 전문화하여, 다양한 분야에서 그 역할을 할 수 있다.

지역관리기업이 주로 중재 역할을 하는 분야는 지역 주민 간 중재와 기관 간 중재이다. 이때 기관은 사회주택 사업체와 지자체를 뜻한다. 지역관리기업은 이들에게 서로 이해하고 토론할 기회와 장소를 제공한다. 예를 들면 마을 회의, 아파트 단지별 모임, 지역관리기업 정기이사회와 같은 모임에서 이들은 서로 이야기를 나눌 수 있으며, 지역관리기업 공간 자체가 이들을 위한 만남의 장소가 될 수 있다.

사회주택 사업자나 지자체 공무원의 경우 마을살이와 관련해서 주민들의 요구나 요청, 제안을 듣고 싶을 때가 있다. 이때 그들은 다소 중립적인 장소나 마을 공동의 시설에서 주민들과 만나 이야기를 주고받기를 원하는데, 지역관리기업이 바로 그러한 곳이 될 수 있다. 중립을 유지함으로써 협력의 기구로 자리매김하게 되는 것이다.

다른 한편, 지역관리기업은 마을의 질서와 평화를 위해 주민 간 중재를 맡기도 한다. 예를 들어 '거리 중재자'나 '야간 중재자'는 주민들로부터 시민으로서의 규칙을 지키겠다는 약속을 얻어낸다. 보통 이런 일은 경찰이 할 수 없다. 왜냐하면 경찰은 교외 지역 주민들에게 적대적인 존재로 인식되고, 특히 청소년들은 경찰에 대해 굉장히 안 좋은 이미지를 갖고 있기 때문이다. 그러므로 지역관리기업이 하는 일은 주민들을 억압하지 않고 질서를 유지하는 매우 독창적인 방식의 공공서비스라 할 수 있다.

마지막으로 지역관리기업은 개별 주민 간의 관계, 주민 집단 간의 관계, 주민공동체 간의 관계를 만드는 일을 한다. 마을살이와 관련한 구체적인 문제를 풀려면 서로 다른 시각, 서로 다른 세대, 서로 다른 관습끼리 부딪쳐야 하고, 모두가 사용하는 공간을 어떻게 사용할 것인가 하는 문제도 서로 대면해서 풀어야 한다. 이러한 일은 마을 내 사회적 중재라 할 수 있다. 이때 지역관리기업은 대중적 토론회나 마을 광장을 통해 의견 수렴 공간의 역할을 담당한다.

지역관리기업은 수많은 사람이 오가는 사거리와 같다. 사회관계를 엮는 지역관리기업의 일은 다양한 형태의 중재 기능을 통해 이루어지며 더욱 굳건해진다. 그러므로 늘 중간 지대에 머물러있되 어떤 기회든 놓치지 말아야 할 것이다.

| 총회의 역할 |

총회는 1901년 결사체법에 따른 의무이다. 하지만 회원들은 총회를 단순한 의무로만 생각할 것이 아니라 그들이 결사체라는 조

180   지역관리기업, 사회관계를 엮다

직을 어떻게 생각하는지 꼼꼼하게 따져서 제대로 수행해야 한다.

지역관리기업은 끊임없이 변화하는 별나고 변덕스러운 조직이다. 그러므로 엄격한 기술적 중심이 잡혀있어야 하지만, 무엇보다도 정책적 중심이 잡혀있어야 한다. 따라서 이러한 정책 방향을 제시하는 총회의 역할이 중요하다고 할 수 있다. 지역의 수많은 주체가 지역관리기업을 믿고 있으며, 지역관리기업의 목표와 그 목표를 달성하는 방식, 활동 내용 등에 대해 다양한 관점에서 논의한다. 어떤 이들은 운영에 이바지하고, 그들이 기대한 바에 따라 이바지했는지 확인하고 싶어 한다. 총회는 이러한 것을 확인할 기회를 제공한다.

이뿐 아니라 총회는 마을 주민들이 지역관리기업의 위치와 활동에 대해 종합적으로 의견을 표명할 기회를 제공한다. 많은 주민은 총회를 빌어 자신의 존재를 드러내고, 지역관리기업에 어떤 관심을 가지는지 알려주고, 때로는 중요한 메시지를 전달하기도 한다. 또한 일부 주민들에게는 총회라는 자리를 빌려 스스로 지역관리기업의 임원으로 참여하고 싶다는 의사를 표명하기도 한다. 그러므로 이 모든 다양한 메시지를 수용할 수 있도록 준비되어 있어야 한다. 대신 지역관리기업으로서는 총회가 지역에 밀착하고 있으며, 대표성을 갖는 조직임을 공고히 할 수 있는 기회가 된다.

| 자원봉사의 의미 |

지역관리기업의 혼합적 특성은 급여를 받는 임금노동과 자원봉사를 결합하는 방식에서 찾아볼 수 있다. 이러한 결합 방식은 조직 내 다양한 공간에서 이루어진다.

우선 모든 결사체 조직에서 볼 수 있듯이 이사회에서 자원봉사자들을 볼 수 있다. 물론 이사들 가운데 일부는 자신의 기관을 대표하여 참석하는 직업인이기도 하다. 하지만 이들 직업인 중 몇몇은 자원봉사의 태도를 보이기도 한다. 그리고 주민 이사들은 순전히 자원봉사자들이다.

다소 특이한 점은 자원봉사자들의 태도에서 자활지원 사업에 참여하는 임금노동자들의 모습이 발견된다는 것이다. 임금노동자들은 먹고살기 위해 일하는 이들이다. 그러니 그들이 무상으로 일을 하는 태도는 생계 걱정을 해야 하는 마을 주민들의 태도와는 차이가 있다. 하지만 지역관리기업에서 임금노동자들이 자원봉사한다는 것은 지역관리기업의 사회적 토대인 연대의 문화를 체화했다는 징표로 볼 수 있다.

임금노동자들이 자원봉사로 참여하는 방식은 다양하다. 우선 정서적인 애착을 보인다. 지역관리기업에서 편안함을 느껴 노동시간이 끝난 뒤에도 남아있는 것이다. 그러다 보면 눈에 띄게 변화하는 모습을 볼 수 있다. 어떤 이는 근로계약에 규정된 것 이상

지역관리기업, 사회관계를 엮다

으로 자기 일에 집중하여 노동시간을 개의치 않고 지역관리기업을 위해 자원봉사로 일하기도 한다. 이처럼 관대한 태도는 다른 이들에게 교육적 효과를 가지기도 한다. 그리고 비록 한때 일어났던 일이기도 하지만 이러한 측면에 대해서는 조심할 필요가 있다. 왜냐하면 이는 근로계약 위반 가능성이 있어 나중에 지역관리기업의 임원들이 곤욕을 치를 수도 있기 때문이다. 한 임금노동자가 지역관리기업 밖에서 지역을 위해 자원봉사로 활동한다면 시민으로서의 참여 의식을 표현하는 것이라 할 수 있다. 그때 그는 시민으로서 참여하는 것이다.

그다음 문제가 되는 것은 자원봉사 노동으로 이루어지는 감사 업무다. 그런데 감사 업무를 공짜로 받음으로써 지역관리기업의 원가가 낮아지는 효과를 거두고, 그 결과 가격 경쟁력을 가지는 것은 정당한 일일까? 혹시 지역관리기업에서 노동 착취를 하는 것은 아닐까? 항시 이러한 위험이 존재하지만 그것을 완전히 피할 수는 없을 것이다. 왜냐하면 임금노동자나 마을의 주민들이 자원봉사로 참여하는 것은 사회관계를 엮음으로 발생하는 일종의 '배당'이기 때문이다. 하지만 소장과 현장 실무책임자들은 임금노동자들이 자원봉사로 참여할 때 혹시 미묘한 방식으로 착취가 이루어지고 있지 않은지 경계해야 한다.

| 지역개발 참여 : 연대적 개발 |

지역개발은 지역관리기업이 비교적 최근에 도입한 실천 영역
이다. 이 또한 다른 실천 활동과 같이 사회적, 경제적, 실용적, 정
치적 논리에 따라 이루어진다. 지역개발에 대해서는 사람마다
서로 다른 의미를 부여하기도 하지만 다음과 같은 일반적인 정
의를 도출할 수 있다. 지역개발이란 지역의 자원과 요구에 근거
하여 개발의 의미와 양식을 정하는 것이다. 이것은 지역개발 주
체들 간에 신뢰 관계를 구축하여 서로 자원을 나누고 지역의 요
구를 드러내는 방식으로 실천된다. 이때 경제적·사회적·문화적
요소를 정치적 언어로 표현하고, 정한 목표를 차례대로 진행하
며, 진행 상황을 평가하고, 궁극적으로는 물질적인 것(경제)의 변
화를 인간관계의 변화(정책)로 통합시키는 것이다. 이러한 부분
을 인정한다면 지역관리기업이 지역개발의 수단이라고 할 수 있
을까?

이 질문에 답하기 전에 우선 지역관리기업을 개발의 도구로
볼 수 있는지 답해야 한다. 이때 개발을 부의 양적인 증가나 진보
로 정의한다면 답하기 어려울 것이다. 이런 논리가 아닌 다른 논
리를 지역관리기업은 정의하고 있어야 한다. 지역관리기업은 부
를 창출하고, 미래를 개척하며, 사람들의 삶에 변화를 일으킨다.
또 명칭에서 보듯 지역에 천착한 조직이기에 잠재적으로 지역개

지역관리기업, 사회관계를 엮다

발의 수단이 될 수 있을 것이다. 그렇다면 지역관리기업이 지역개발에 참여하기 위해서는 어떻게 처신해야 할까?

휴머니즘의 논리

지역개발을 경제주의적 방식으로 접근하는 경향도 있지만 지역관리기업이 관심을 두는 측면은 다르다. 지역개발 모델은 지역과 그곳에 사는 사람들의 이해에 복무해야 한다는 것이다. 지역관리기업은 이러한 원칙에 부응하고자 한다. 재차 환기하건대 지역관리기업의 궁극적인 목적은 이윤 창출이 아니라 또 다른 부(富)의 생산, 즉 사회관계의 창출이다. 이것은 사회적이면서도 경제적인 부다. 지역관리기업은 사람을 중심에 두고 사람이 만물의 척도가 된다.

여기서 우리는 좀 더 신중해야 한다. 왜냐하면 휴머니즘을 추구한다는 좋은 의도만으로는 충분하지 않기 때문이다. 도시와 마을의 주민들이 지역관리기업의 존재와 활동을 통해 어떠한 만족을 얻고 어떻게 이해를 충족시키는지 늘 질문해야 한다. 어떤 때는 일자리나 활동을 만들어낼 때, 어떤 때는 시설을 건설할 때, 또 어떤 때는 삶의 환경이 개선될 때 그들의 욕구가 충족될 것이다.

지역의 이해가 무엇인가를 규명하는 일은 매우 어렵다. 왜냐하면 지역개발은 그 지역이 처한 환경과의 관계 속에서 고려되어야 하기 때문이다. 지역관리기업은 더욱 넓은 맥락에서 어떠한 지역 환경을 만들어나갈 것인지 기획해야 한다. 한 지역의 이해가 광역 지방의 이해, 국가의 이해, 그리고 유럽 전체의 이해와 일치할 수도 있고 어긋날 수도 있다. 후자의 경우 우선순위를 선택해야 한다. 지역관리기업은 무엇을 기준으로 어느 지역의 이해를 우선할 것인지 고민해야 한다.

지역의 논리

지역관리기업이 지역의 논리에 근거함에 따라 생기는 지역개발의 규칙이 있다. 앞서 살펴보았듯 지역관리기업의 수많은 활동은 지역의 수요에 따라 만들어졌고, 지역관리기업은 이에 대해 효과적이고 적절하게 대응해왔다. 특히 도시 관리와 관련된 다양한 일을 맡음으로써 상당한 매출도 올렸다.

한 마을에서 성공을 거둔 지역관리기업이 이웃 마을의 관리 요청을 받을 수도 있다. 이러면 이웃 지역에 신규 지역관리기업을 설립하는 일보다 쉬울 수 있다. 하지만 이웃 지역에서의 요청을 지역관리기업의 궁극적인 목적인 사회관계 창출에 근거하여 판단하는 것이 중요하다. 이 말은 지역관리기업은 노동자들 간의 관계, 노동자와 지역 주민 간의 관계가 성장의 가장 중요한 결정 요인이라는 뜻이다. 그러므로 지역관리기업이 궁극적인 목적

지역관리기업, 사회관계를 엮다

을 변질시키지 않고 어디까지 성장하고 얼마만큼 확대될 수 있을지 생각해야 한다. 수백 명의 사람에게 일자리를 제공하면서 주민과 긴밀한 관계를 맺고 중재 능력을 발휘하여 다양한 지역 토론회 등을 이끌어갈 수 있을 것인가? 물론 상황에 따라 한계는 다르겠지만 분명히 한계는 있으며, 그 한계를 넘어서는 안 된다.

마찬가지로 넘어서는 안 될 지역의 한계선도 있다. 물론 지역 관리기업의 능력에 따라 그 경계는 유동적이고, 때로는 지역관리기업과 사업 참여자들이 다른 만남을 가질 수 있도록 개방하는 것도 필요하다. 하지만 그 경계를 넘어서는 일을 통해 지역 활동의 원칙을 무너뜨려서는 안 된다. 비록 지역의 경계가 불확실하고 상호 침투할 수 있다 하더라도 도시 관리를 하는 모든 활동에서 지역을 한정하는 것은 꼭 필요한 일이다. 이미 정한 경계를 넘어서면 그곳은 지역관리기업의 지역이 아니며, 그곳에 개입해서 활동한다면 지역관리기업은 사회관계 창출 능력을 잃어버릴 것이다. 아니면 지역에 뿌리내리지 않은 채 성급하게 움직인다고 생각될 것이다. 그러므로 이러한 문제가 제기될 때는 영역을 확장하기보다는 이웃 지역의 논리에 부응하는 새로운 지역관리기업을 설립하거나 다른 운영자가 개입할 수 있는 방향으로 생각해 봐야 한다.

지역협동의 논리

지역관리기업이 휴머니즘의 관점에서 지역개발 활동을 펼치기 위해서는 당연히 여러 주체와 함께 행동하는 기술이 필요하다. 지역관리기업은 독자적인 논리에 따라 혼자 운영할 수 없다. 같은 이해관계에 있는 지역의 다른 주체들과 운영 방향을 공유해야 한다. 지역 중심의 활동, 마을 사업에의 기여, 도시 관리 임무의 질quality 보장, 사회관계 창출, 자활 경로 구상, 결사체 회계 준수, 결사체다운 운영, 중재 능력 등 이 모든 활동은 지역관리기업의 정체성을 이루며, 나름의 엄격한 조정coordination이 필요하다. 이러한 조정에는 여러 가지 종류가 있다.

첫 번째로 내부 질서의 조정이 있다. 지역관리기업은 우수한 경영 기술과 발전 전략을 가지고 있어야 하며, 이것은 다양한 활동을 통해 분명히 드러나고 제대로 이해될 수 있어야 한다. 두 번째는 기본 원칙이자 실천적 적용에 관한 것으로, 지역관리기업은 모든 운영에 지역의 주체를 결합associate할 줄 알아야 한다는 것이다. 예컨대 지역 서민임대주택 지소장이나 부시장의 의견을 청취하는 것만으로 만족하지 않아야 한다는 뜻이다. 또는 담당 공무원이나 마을의 여러 단체 대표들을 초청하는 것만으로 충분하지 않다는 것이다. 왜냐하면 바로 이들 모두가 함께 지역관리기업이 활동하는 지역 전체와 관련해서 논의하고 방향을

지역관리기업, 사회관계를 엮다

정해야 하기 때문이다. 따라서 지역관리기업의 이사회는 지역의 활동 전략을 각 주체와 협동적으로 건설해야 한다. 그리고 이사회는 사회적 유용성에 기초하여 조절과 협상의 장으로 기능해야 한다.

단계적 논리

지역관리기업의 운영에 있어 단계적 논리란 프로젝트의 실행 과정에서 단계적 변화 과정이 있다는 뜻이다. 지역관리기업은 하나의 목적을 달성하고 나서 다른 목적으로 나아간다. 이러한 과정에서 만들어진 합의는 고정되어 있지 않고 유동적이다. 각각의 단계별로 새로운 변화가 일어나거나 장애물이 등장하여 이미 수립된 합의가 금방 무너질 수도 있고, 새로 다시 만들어질 수도 있다. 여기서 말하는 합의는 지역관리기업의 프로젝트와 지역의 프로젝트가 만나는 과정에서 생겨난다. 지역 프로젝트는 지역 차원에서 적용되는 도시 정책을 말한다.

이렇듯 운영의 단계적 논리라는 것은 프로젝트에 포함된 개발의 목적과 변화무쌍한 현장의 조건 사이에서 실용적인 조정과 합의를 해나가는 일을 말한다. 적절한 목표를 정하고, 그것을 달성하는 데 성공하거나 실패하고, 그 결과를 평가하고, 지역관리기업의 프로젝트에 담긴 정치적 목표에 근거하여 다시 시작해야 한다.

총체적 논리

지역의 특징은 모으고 결집한다는 것이다. 같은 장소에서 사회적인 것, 경제적인 것, 문화적인 것을 분리할 수 없다. 이 모든 측면은 지역의 내적인 논리에 포함된다. 따라서 지역관리기업은 지역의 모든 측면을 총체적으로 다루어야 한다. 앞서 살펴봤듯이 경제적인 것과 사회적인 것은 분리할 수 없기에 지역관리기업은 이 두 가지 측면을 동시에 다룬다. 그래서 우선 상업적 서비스를 제공함에 있어서도 그 안에서 이루어지는 사회관계를 우선 고려하여 거래한다. 예컨대 공공질서를 다룰 때도 주거 정책, 교육 정책, 사회 불평등과 같은 다양한 측면을 고려한다. 지역이라는 것은 하나의 문제가 온전한 의미의 정치적 과제가 되도록 하므로 정치의 본래 의미를 회복할 수 있도록 만든다.

민주적 논리

지역관리기업에서 문제의 해결책은 그들의 기본 원칙과 정치적 방법에 따라 만들어진다. 여기서 말하는 원칙이란 지역 주체들이 지역의 방향을 정하고 실행을 통제해야 한다는 것이다. 이것이 다름 아닌 지역민주주의이다. 정치적 방법이란 이러한 원칙을 복합적으로 실행에 옮기는 일이다. 어떻게 주체들의 참여

지역관리기업, 사회관계를 엮다

를 요청할 것인지, 어떻게 지역의 권력을 나눌 것인지, 어떻게 권력을 실제로 통제할 것인지, 결국 어떻게 주민들이 시민이 되게 할 수 있는가 하는 문제다.

마을을 위한 개발이란?

지역관리기업에 있어 '지역local'이란 마을이다. 그러므로 지역관리기업이 지역개발을 한다면 마을은 어떤 도약이 필요하고, 거기에 지역관리기업이 어떻게 이바지할 것인가를 생각해야 한다. 이 지점에서 지역관리기업의 '기업가 정신', 즉 경제적인 능력이 발휘되어야 한다.

만약 지역관리기업이 사회적, 경제적, 정치적인 문제는 다 연결되어 있는데 돈을 벌 생각이 없다면 어떻게 되겠는가? 그런데 마을이 어려움을 겪는 이유는 경제활동을 만들어내거나 유치할 능력이 없기 때문이 아닌가? 그러므로 지역관리기업은 이러한 기회를 제공해야 한다. 지역관리기업이 지역개발에 이바지하는 것 중 하나는 지역관리기업 방식의 경제활동을 전파하는 것이다. 지역관리기업은 지역의 이해에 기반한 새로운 형태의 기업을 품어내고 양성하는 역할을 해야 한다.

7

...

네트워크 속의 지역관리기업

지역관리기업은 기초 및 광역 단위 네트워크, 업종 네트워크,
지역관리기업 간의 네트워크 속에서 활동한다. 이 네트워크들은
지역관리기업의 활동을 지원하고, 확장하고, 전파한다.

지역관리기업이 네트워크 활동에 참여하는 이유는 크게 두 가지
다. 첫 번째는 지역관리기업의 작은 규모 때문이다. 규모가 작을
뿐 아니라 크게 성장하는 것이 목적이 아니므로 지역관리기업은
다양한 상황에서 효과적으로 힘을 발휘하기 위해 조직의 규모를
뛰어넘는 상위 네트워크에서 활동할 필요가 있다. 두 번째는 지
역관리기업이 개입하는 영역이 아주 복합적이기 때문이다. 그래
서 다른 주체들과 협력해야 하고, 이들과 가까워지면서 네트워
크를 형성한다. 지역관리기업이 참여하는 네트워크는 다음과 같
이 분류할 수 있다.

| 지역 단위의 네트워크 |

지역 단위의 네트워크local network는 단지 지역관리기업 운영에 책임을 지는 주체들만을 가리키지 않는다. 때로는 지역관리기업에 호감을 느끼거나 일시적으로 이해관계를 함께하면서 협력하는 주체들까지도 포함된다. 이러한 의미에서 네트워크는 끊임없이 사람들 간에 신뢰 관계를 만들어나가는 과정이라 할 수 있다. 그중 어떤 사람들은 지역관리기업을 지원할 어떠한 제도적 이해관계도 없는 예도 있다. 예컨대 어느 고등학교의 교장이나 기업의 대표, 국가 공무원 등이 우연히, 또는 사람들과의 관계를 통해 지역 단위의 네트워크에 참여하기도 한다. 이와 관련해서 두 가지 참고 사항이 있다.

첫째, 네트워크는 본질적으로 비공식적 성격을 가지므로 이 비공식성을 유지해야 하며, 파트너 관계로 전환하거나 조직이 되어버리면 그 정체성을 잃어버릴 수 있다는 점이다. 비공식적 성격으로 인해 각각의 참여자들에게는 자유가 있으므로, 이 자유를 유지하는 것이 중요하다. 네트워크는 공식적인 참여보다는 신뢰에 기반한다.

둘째, 네트워크의 존재 이유는 그것이 효과적이고 살아있기 때문이다. 단지 어떤 사람을 아는 것만이 아니라 그가 존중과 이해의 마음을 가지고 지역관리기업이나 네트워크 회원들과 생생한 관계를 가꾸어나가는 것이 중요하다. 지역관리기업을 중심으로 네트워크가 참여하든, 지역관리기업이 참여하는 네트워크가 되든, 지역 단위 네트워크의 생명은 네트워크를 활성화하기 위해 참여하는 것에 달려있다. 네트워크는 끊임없이 자극을 받아야 한다. 그러기 위해 만남을 조직하고, 서로 방문하고, 소식지를 보내고, 축하 인사를 보내며, 지역신문을 만들고, 회의에 참여해야 한다.

| 지역 단위 네트워크들의 네트워크 |

지역관리기업은 혼자만의 힘으로 사회관계를 엮고 자활지원과 연대적 지역개발을 하는 활동을 할 수 없다. 국내외의 많은 주체가 비슷한 고민을 하고 있고, 해결해야 할 문제들도 비슷하다. 그러므로 각 지역관리기업이 책임감을 느끼고 이러한 네트워크를 유지해야 한다.

어떤 주체들은 업종별 네트워크에 속한다. 이들은 수익성을 따지지 않고 사회관계를 엮는 일에 이바지한다. 예컨대 인력파견단체, 자활지원 기업, 지역개발 조직, 자활지원 및 직업 훈련을 위한 고용주 연합, 자선단체 등이 있다.

대다수 네트워크는 지역관리기업과 유사한 목적이 있거나 지역관리기업 전국네트워크처럼 영리를 목적으로 하는 기업들에 대해 대안적인 사회경제적 조직 문화를 공유하고 있다. 그리고 이들 네트워크는 함께 연대의 경제 네트워크를 형성하고 있다. 각각의 네트워크는 고유한 활동 양식과 문화적 특성을 가지며 여러 형태의 조직을 아우르고 있다. 하지만 공통적으로는 연대의 문화를 만들어낸다는 점에서 시장경제와는 차이를 보인다.

지역관리기업 전국네트워크가 이러한 네트워크에 참여함으로써 그 존재를 인정받는 측면도 있지만, 서로 실천을 교환하고 함께 성찰하며 행동하는 공동의 장을 건설하는 기회가 된다. 이러한 중앙 단위의 네트워크들은 광역 단위의 지방이나 지역 단위에서도 이루어지고 있어 지역관리기업은 그들과 연대 활동을 벌이기도 한다.

이러한 네트워크의 목적은 정책적 개입보다는 실천과 경험을 교환하며 서로가 가진 비결을 배우고 심화하는 데 있다. 그러니까 업종별 문화와 연대의 네트워크인 셈이다. 이 네트워크를 활성화하고 강화하기 위해 각 조직의 경험을 정리하여 다른 조직에 전달하고, 다른 조직의 내용을 읽고 들으며 일반화할 수 있는 것을 찾고, 이론으로 정리하여 출판하기도 한다. 지역관리기업은 늘 무언가를 추구하는 조직과 함께한다. 지역관리기업 혼자 찾을 수 없고, 비교하며 서로 평가할 수 있는 지표가 필요하다.

| 지역관리기업들의 네트워크 |

지역관리기업들의 네트워크는 공식적이고 조직적인 형태인 지역관리기업 전국네트워크로 존재한다. 지역관리기업 전국네트워크는 소속된 지역관리기업들을 연계한다. 하지만 전국 규모의 연합체 형태임에도 개별 지역관리기업에 어떠한 권위도 행사하지 않는다. 지역관리기업들은 지역관리기업 전국네트워크의 토대가 되는 공동 원칙과 조직 운영 방향, 그리고 활동 방식에 동의하기 때문에 가입한다. 하지만 지역관리기업 전국네트워크가 라벨을 부여하는 기능이 있으므로 이에 따라 개별 지역관리기업은 일정한 운영 규칙을 따라야 한다. 그리고 가입 후에도 항상 비판적인 성찰의 자세를 갖는 것이 필요하다.

한편 지역관리기업 전국네트워크는 소프트웨어의 네트워크이기도 하다. 왜냐하면 개별 지역관리기업에 엄청나게 다양한 서비스를 제공하기 때문이다. 이러한 서비스들은 늘 업데이트되고 완성도가 높아지며 상황에 맞게 변화한다. 몇 가지 대표적인 서비스를 소개하면 다음과 같다.

첫 번째는 훈련training 서비스다. 지역관리기업의 전문 실무자들(소장, 경영인들, 현장 실무책임자들, 비서직 및 안내 담당자들)뿐 아니라 회원 및 임원과 같은 자원봉사자들을 대상으로 하는 매우 다양한 훈련이 있다. 그중 가장 큰 성공을 거둔 훈련은 지역관리기업 내부 운영과 관련된 것이 아니라 마을의 다양한 주역들을 위한 연수 프로그램이었다. 이 훈련은 지역관리기업의 개념이 변화함에 따라 새롭게 개발되고 변화되고 있다. 이 연수 훈련 서비스 중에서도 가장 독보적인 것이 바로 '프랑스 전국 순회Le tour de France'라는 프로그램인데, 이 프로그램에 참여하는 동안 지역관리기업의 실무자들은 다양한 곳에서 수많은 사람과 만나고 배우며 도제 방식의 전통을 잇는다. 이 프로그램에서는 전문가 후견인 서비스를 제공하기도 한다.

두 번째는 효과적인 의사소통 서비스다. 설립 안내서, 세금·중재·재단·공공시장 등에 대한 주제별 안내서, 신문, 우편물, 연간 3회 발행되는 '네트워크 정보' 소식지 등이 모두 지역관리기업 전국네트워크가 제공하는 서비스다. 이 모든 것은 자원봉사자와 실무자 모두에게 꽤 종합적인 사회경제적 정보 제공과 내적 충전의 역할을 한다. 또 지역관리기업 전국네트워크는 개방된 인터넷 사이트를 가지고 있으며, 이것을 지역관리기업들이 개별적으로 이용할 수 있어 그 자체로 지역관리기업 활동의 데이터베이스가 되기도 한다.

지역관리기업 전국네트워크는 또한 정부와의 관계에서 집단적인 협상가가 된다. 전국네트워크가 세금이나 법적인 문제와 관련하여 정리한 후 협상에서 전체 지역관리기업의 입장을 대변해준다. 지역관리기업 전국네트워크는 정부 부처나 업종별 기구와의 관계에서 아주 집요하고 유능한 협상가이다. 지역관리기업 전국네트워크는 실천 활동에 매몰되어 있는 지역 주체들 대신 그들의 실천을 바탕으로 지역관리기업 전국네트워크가 보내는 문건에서 개별 지역관리기업들이 맞닥뜨릴 상황을 조사하고 수집한다. 그렇게 마련된 기술적 문건은 매우 믿을 만하고 종합적이며 꼼꼼히 업데이트된 전문적 활동 지침이 된다.

지역관리기업 전국네트워크의 특성을 가장 잘 표현해주는 말은 '만남'이다. 지역관리기업 전국네트워크는 모든 종류의 만남의 장이다. 지역관리기업에서 활동하는 모든 주체는 이곳에서 서로 만나고, 의견을 교환하고, 토론하고, 정보를 공유한다. 마을 주민에게 이러한 만남은 그들의 유일한 여행 기회가 되기도 한다. 그들은 여행을 다녀와서 마을의 모든 주민에게 그들의 경험과 그들이 얻은 정보를 나누고, 가까운 사람들끼리 연대의 문화와 시민 참여 문화를 전파한다. 많은 주체에게 이것이야말로 진정한 삶의 본보기를 통한 교육이 되어 주민들이 지역관리기업에 가입하는 데 결정적인 역할을 한다.

또 지역관리기업 전국네트워크는 3~4년에 한 번씩 전국의 주민들이 만나는 행사를 조직한다. 이 만남의 장은 포럼의 성격을 가질 뿐 아니라 마을 주민들이 자신들의 지역 문화를 창의적이고 자율적으로 표현할 기회가 된다. 이러한 형태의 만남은 오를레앙, 스트라스부르, 파리에서 세 차례나 이루어졌다.

마지막으로 지역관리기업 전국네트워크는 비공식적인 운동이자 사람들의 네트워크이다. 지역관리기업 전국네트워크는 공동의 실천과 공유하는 가치 및 역사를 통해 사람들을 결속시킨다. 지역관리기업 전국네트워크는 점점 더 그 관계의 깊이가 더해지고 있으며 비슷한 목표를 가지게 되었다. 네트워크의 규모뿐 아니라 만남의 강도가 강해져 서로 간에 정보가 유통되는 속도도 아주 빨라졌다. 자치단체장과 일하는 법, 시장을 개척하는 법, 새로운 서비스를 개발하는 법 등에 관해 서로 전화하고, 만나고, 이메일을 주고받으며 서로의 갈 길을 비추어준다. 서로 도움을 주고, 정보를 주고받고, 이것저것을 교환한다. 이러한 측면이 네트워크에서 가장 중요한 부분이다. 그리고 이러한 결사체의 활력이 지역관리기업 전체뿐 아니라 개별 조직에도 유연성을 갖게 한다.

1990년대 중반에 시작된 지역관리기업 유럽 네트워크도 서서히 형태를 갖추어가고 있다. 이제 독일, 이탈리아, 스페인, 벨기에, 영국에서도 지역관리기업을 볼 수 있다. 나라별로 관련 법체계는 다르지만 유사한 형태를 띠고 있어 서로 정보를 주고받으며 유럽 차원의 협력 활동을 할 수 있다. 그 결과 유럽 지역관리기업 연합회AERDQ가 설립되어 전 유럽으로 지역관리기업 프로젝트를 전파하고 전체적인 운영 방식을 다듬는 중이다. 지역관리기업 전국네트워크는 유럽 연합회 설립에 적극적으로 이바지했으며 회원 자격을 유지하고 있다. 유럽 연합회의 주최로 유럽 네트워크는 정기적인 만남과 교환의 자리를 가진다. 이를 통해 나라별 특성에 따른 실천에 기반하면서도 공동의 프로젝트를 기획할 수 있게 되었다. 유럽 네트워크는 유럽연합 차원에서 전문 상담사를 두고 있으며, 지역관리기업 전국네트워크는 이를 통해 연대적인 유럽을 건설하는 데 능동적으로 이바지하고 있다.

| 광역 단위의 지역관리기업 네트워크 |

지역관리기업 운동의 폭발적인 성장으로 어떤 경우에는 지역관리기업 전국네트워크가 너무 멀게 느껴지거나 너무 크게 느껴지기도 한다. 현재는 회원 조직이 140개이지만 150개를 넘는다면 각 조직의 주체들은 서로를 잘 알지 못하고 서로의 관계에 기반한 운영을 하기 어려울 것이다. 그래서 기초 단위와 전국네트워크의 중간 지점인 광역 단위의 네트워크regional network가 필요하다고 판단되어 세부적인 규칙에 따라 광역 네트워크를 구축하는 중이다. 전국네트워크는 연결하는 단위로서 그 권한을 유지할 생각이다. 그래서 정책 구상, 인터넷 프로그램 제공, 라벨 부여, 훈련 구상 및 제공 등은 전국네트워크의 역할로 남아 있다.

12개 지방에서 12명의 대의원이 임명되었고, 이들은 지방 대

지역관리기업, 사회관계를 엮다

의원이 되어 해당 지방에서 네트워크의 정책을 활성화하는 임무를 맡는다. 그리고 지역관리기업 전국네트워크에서 이루어지는 토론에 대해 알려주고 자세히 설명해주는 역할을 한다. 이러한 과정을 거쳐 그들은 현장의 메아리가 되어 그 결과를 전국네트워크로 전달한다. 그들은 후견인 제도와 전문가 진단 과정이 잘 이루어지고 있는지 살피는 역할도 한다. 마지막으로 광역 네트워크의 대의원으로서 지역관리기업 전국네트워크의 이사회에 참여하여 지방의 상황을 보고한다.

한편 일부 지역관리기업들이 자율적으로 특별한 광역 단위 네트워크를 구성하여 특정한 권한을 가질 수도 있다. 이 네트워크는 보통 서로의 실천 경험을 배우고 나누며 연대 활동을 함께 하기 위한 목적으로 만들어졌다. 광역 단위나 지역 단위의 네트워크를 구성해서 공동으로 정책적 대응을 해야 유리할 때도 있다. 광역 단위 네트워크는 지역관리기업 전국네트워크 일부 활동의 효과를 높이는 역할도 한다. 왜냐하면 지역관리기업 전국네트워크는 실천을 고려하지만 하나의 형식만 고집하지도 않고, 그렇다고 수많은 형식을 제시하지도 않기 때문이다. 그래서 광역 단위 네트워크가 중앙에서 결정된 실천의 방식을 지역 상황에 맞게 정하고 다양화하는 역할을 하며 상호 보완하는 것이다.

지역관리기업 전국 헌장

1991년 6월 22일 전국네트워크 총회에서 채택

전문

이 헌장은 지역관리기업 가입 방식을 분명히 하고자 제정되었다. 헌장은 특히 가입 조직의 맹세를 통해 지역관리기업 전국 네트워크CNLRQ가 보유하고 있는 지역관리기업 상호를 부여하는 데 활용될 것이다.

제1조

지역관리기업 모델은 실질적인 기업 활동과 사회 및 공동체 개발이라는 이중의 논리로 움직인다.

지역관리기업은 공공 부문의 대책이 아니고 지역 파트너들의 의지에 의해 만들어진 것이다.

특히 경제적 프로젝트는 투명해야 하며, 어떤 경우에도 실업 문제를 해결하기 위한 정책수단이 되거나 정부 정책(최저소득보장, 고용연대계약 등)을 이어받아 수행하는 목적으로만 이루어져서는 안 될 것이다. 반면 이러한 활동은 현행 규제를 지키는 한에서 기업 활동의 일부로 활용할 수는 있다. 경제적 프로젝트의 경우 시장 가격을 따른다.

제2조

지역관리기업의 운영은 세 가지 지켜야 할 원칙에 근거하며, 이것이 지역관리기업만의 독창적인 특성이 된다.

- 도시 관리(주택단지 단위, 마을 단위 등) 양식을 개선하기 위한 지역맞춤형 개입 방식 : 운영 과정에서 주민들을 노동자나 주체의 자격으로 직접 참여하게 함으로써 도시 관리 양식이 사회 운영 양식과 상승효과를 내도록 한다.
- 지역에서 가장 어려움을 겪는 이들의 노동통합을 고려 : 이러한 측면에서 볼 때 지역관리기업은 경제활동을 통한 노동통합(자활지원) 조직에 속한다.
- 지역에서 사회관계 재창조 : 지역공동체의 원리를 바탕으로 지역 운영에 있어 새로운 민주적 양식을 구축하는 사회개발의 측면을 지닌다.

제3조

지역관리기업은 주민들이 모든 단위에서(노동자, 이용자, 이사), 처음부터 끝까지 실질적으로 참여할 수 있도록 책임의식을 가지도록 한다. 이러한 원칙을 적용하려면 새로운 형태의 지역민주주의를 건설해야 하므로, 이를 통해 지역관리기업이 정치적인 측면을 갖게 된다. 지역관리기업은 전혀 두려워할 필요가 없다. 왜냐하면 이미 운영에서 그것이 가능하다는 것을 보여주었기 때문이다.

제4조

지역관리기업이 사업을 하려면 우선 기획 단계부터 가능한 한 가장 폭넓은 파트너십을 구축해야 한다. 주민들과 공공기관들(특히 지자체와 사회주택 등), 민간단체, 사회복지사들, 그리고 도시정책과 관련한 지역 사회경제개발 주체 등을 아울러야 한다.

제5조

지역관리기업 모델은 이 파트너십을 공고히 하기 위하여 결사체association 조직을 설립할 필요가 있다. 결사체가 가장 적합한 구조이며, 또한 이를 통해 주민들의 대표성과 참여를 보장할 수 있을 것으로 여겨진다.

다른 한편, 경제활동을 통한 노동통합(자활지원) 사업을 할 수 있으며, 자활기업의 성격을 띠거나 인력파견단체^시와의 파트너십을 통해 서비스 일부를 계약할 수 있다.

제6조

지역관리기업은 지역경제를 위한 기업이다. 따라서 지역관리기업의 경제적 발전 또한 지역경제의 관점에서 접근한다. 이를 위해서는 시장 및 계약을 체결한 서비스 제공과 관련한 금액 산입을 분석해야 한다.

지역관리기업 이사회에 주민들이 다수 참여하기에 임대료, 공과금, 지방세, 가격 등의 비용 통제와 같은 중요한 사안을 다룰 수 있다.

또한 지역관리기업은 근린 서비스의 수요와 공급을 동시에 창출하면서 지역사회에 필요한 서비스를 지원하고 만들어내는 역할을 한다.

제7조

지역관리기업은 또한 주민들 스스로 참여하여 지역의 사회개발을 도모할 수 있다. 그렇다고 지역관리기업이 지역에만 웅크리고 있지만은 않을 것이며 진화해 나갈 것이다. 한편으로는 물리적, 사회적 응집력을 유지하면서도, 시간이 지남에 따라 문을 열고 나가 마을의 가치를 높이고, 다른 도시와 관계를 만들어나갈 것이다.

이런 의미에서 지역관리기업은 주거habitat를 통해 사회에 통합되는 역할을 충분히 수행한다.

제8조

이 헌장에 찬성하는 지역관리기업은 지역관리기업 전국네트워크에 모든 필요한 서류와 정보를 제공할 의무가 있다. 이를 통해 네트워크는 원칙이 지켜지는지 확인한다.

그 결과에 따라 전국네트워크 이사회는 지역관리기업 라벨을 부여할지, 유지할지, 또는 반환 조치를 취할지 정한다.(라벨 부여 절차 참조)

라벨 반환 절차 이전에 해당 지역관리기업은 전국네트워크 이사회에 참석하여 소명의 기회를 가질 수 있다.

제9조

이 헌장에 찬성한 모든 지역관리기업은 라벨을 받을 수 있으며, 특허청INPI에 등록된 상표사용 관련 규칙에 의거해 공동이용 권한을 가진다.

광역 지역관리기업에 관한 헌장 부속조항

지역관리기업 전국네트워크 이사회는 광역 지역관리기업의 특성이 어떻게 헌장에 반영될 수 있는지 분명히 하기 위하여 아래와 같이 지역관리기업 전국 헌장의 부속조항을 채택했다. 따라서 지역관리기업 전국 헌장은 광역 지역관리기업의 특별한 맥락을 고려하여 부속조항의 용어를 상황에 맞게 적절히 바꾸어야 한다. 광역 지역관리기업의 라벨을 받고자 하는 조직은 지역관리기업 전국 헌장과 더불어 이 부속조항 또한 지켜야 한다.

제2조
지역관리기업에게 있어 지역(광역)은 연대와 사회결속의 공간이다. 이 공간은 지역관리기업의 주체들이 서로를 알아보는 '가까움과 연대의 구역'이다.

제4조
파트너는 주민들, 기관들(지자체와 지자체 연합, 사회주택, 지역경제 주체 전체), 결사체들, 사회복지사들이며 좀 더 일반적으로는 도시정책과 지역의 지속가능한 발전에 참여하는 지역 경제사회적 개발의 주체들이다.

제5조

광역 지역관리기업은 모든 연대 경제 주체들과 노동통합을 지원하는 주체들과 협력을 모색한다.

제7조

지역관리기업은 또한 주민들 스스로 참여하여 지역의 사회개발을 도모할 수 있다. 그렇다고 지역관리기업이 지역에만 웅크리고 있지만은 않을 것이며, 진화해 나갈 것이다. 한편으로는 물리적, 사회적 응집력을 유지하면서도, 시간이 지남에 따라 문을 열고 나가 마을이나 지역의 가치를 높이고, 다른 도시나 연대의 구역 전체와도 관계를 만들어나갈 것이다.

이런 의미에서 지역관리기업은 주거의 통합이나 삶의 환경 개선 활동을 통해 온전히 자신의 역할을 다한다.

. . .

지역관리기업 매니페스토

1993년 5월 15~16일에 개최된 총회에서 채택

　사회적 배제는 다양한 형태로 확산되고 있어 더 많은 국민들이 다양한 방식으로 영향을 받고 있고, 사회 양극화를 심화시키고 있다. 따라서 이제 사회적 배제는 사회 전체에 문제를 던진다.

　오늘날 '교외 지역banlieue'이라는 말은 상당히 부정적인 이미지로 비춰지며, 때로는 언론이 이를 부추기고 있다. 그래서 교외 지역에 사는 이들은 사회에서 배제되고 버림받고 배척받고 있다는 느낌을 강하게 받고 있다. 이러한 사회적 배제 메커니즘을 불러일으키는 모든 담론을 종식시키기 위해서는 이 서민 지역에서 이루어지고 있는 긍정적이고 역동적인 일들에 대해 말하고, 보여주고, 설명해주어야 할 것이다.

　우리 사회는 도시가 겪는 하나의 불편함은 도시가 안고 있는 총체적인 문제를 드러내는 현상임을 이해해야 한다. 따라서 사회는 행동양식과 마을과 주민에 대한 시선을 근본적으로 바꾸어야 한다. 지금은 그 어느 때보다도 더 모든 국민이 사람에 의한, 사람을 위한 사회적 프로젝트를 건설하기 위해 새로운 방향을 모색할 때다.

문제가 총체적이라면 해결책도 총체적이어야 할 것이다. 노동, 안전, 주거, 건강, 훈련, 통합, 교육 등 어느 것 하나 다른 문제와 분리되지 않으며, 다른 문제를 이해하지 않고서는 문제가 무엇인지 밝힐 수도 없다.

지역관리기업은 지역 현장에서 지역의 파트너들과 함께 오래전부터 이 문제에 대해 고민해왔다. 그리하여 우리는 포기와 단념의 고리를 끊어내기 위하여 지역관리기업을 육성해왔다.

지역관리기업은 창의적이고 효과적인 해결책이다. 지역관리기업은 마을에서의 경제활동을 시작으로 지역을 재창조하고 재조직하며 새로운 활기를 불어넣는 데 기여하면서 두각을 드러냈다. 지역관리기업의 마을 경제활동은 삶의 환경을 유지하고 개선하며, 주민들을 모으고 참여시킴으로써 가능하게 된 것이다.

지역관리기업은 세 가지 핵심적 접근법으로 상승효과를 낸다.

사회적 접근법

지역관리기업의 노동통합 지원사업에 참여하는 마을 주민들은 임금노동 활동을 제공받아 자활을 시작하며, 장점도 있고 단점도 있는 노동의 현실에 직면하게 된다. 하지만 이를 통하여 소속감을 느끼게 되고, 자신과 타인을 신뢰하게 된다. 이는 노동이 가지는 가치 중 하나이다.

지역관리기업은 조직의 주체들이 함께 자신을 투여하고 실질적으로 참여하도록 함으로써 마을살이를 재건하는 모험을 한다. 이렇게 함으로써 사회는 자율적인 조절 능력을 가지기 시작하는 것이다.

지역관리기업은 패배자의 논리를 거부하는 살아있는 조직이고자 한다. 그래서 사람들의 삶과 그들의 일상 가까이에서 창의적인 공동체의 경험을 쌓고 강화한다.

경제적 접근법

일반기업이나 공기업과는 달리 지역관리기업은 근린 서비스와 사회적 요구와 노동권의 조화를 이룬다.

마을 주민들은 국가의 사회복지제도로만 만족하지 않는다. 사회복지제도는 그들이 스스로의 미래를 통제할 수도, 그들 스스로 설계할 수도 없도록 되어 있기 때문이다.

지역관리기업은 한 지역의 도시 관리를 향상시키고, 이러한 활동을 통해 모아진 돈을 지역 차원에서 재분배함으로써 연대적인 경제를 건설하는 데 참여한다. 이러한 연대 방식은 마을에 긍정적인 가치가 된다.

지역관리기업은 과거의 터무니없는 도시정책으로 인하여 무너졌던 정의와 권리의 가치를 다시 세운다. 또한 환대와 연대의 가치를 지키면서 더 인간적인 목적을 띠는 도시화를 촉구한다.

지역관리기업은 배움의 공간이다.

지역관리기업은 주민들이 보기에 사회가 노동권을 존중하도록 노력하고 있음을 믿도록 한다.

시민의식의 고양

모든 지역관리기업의 토대가 되는 근본 원칙은 주민들의 참여, 관여, 책임성이다. 이것만이 지속가능한 발전을 보장한다.

따라서 지역관리기업은 이 궁극적인 목적을 실현하는 데 필요한 일련의 모든 연수 프로그램을 만들고, 특히 일상적인 마을살이가 이루어지는 메커니즘을 이해하도록 하는 연수 프로그램을 만든다.

지역관리기업의 결사체 구조는 파트너들이 주민들의 현장으로 들어가게 하며, 주민들의 직접적인 표현을 가능하게 할 뿐 아니라 주민들의 창의성이 발휘되도록 하며, 지역 관리라는 직접적인 업무를 수행함으로써 장기적인 관점에서 의사결정을 하도록 한다. 이 책임성의 정도는 실질적인 정보의 유통 없이는 고려할 수 없는 것이다.

지역관리기업, 사회관계를 엮다

이 세 가지 접근법을 통하여 지역관리기업은 다음과 같이 자리매김한다.

주민 가까이에 있는 도구

각 지역관리기업은 다양한 주체들을 찾아낼 수 있어야 하고, 각 주민 집단의 단위에서 만들어진 운영 방식이 엄격히 지켜질 수 있도록 해야 한다. 이것이 주민의 책임성을 담보할 수 있는 조건이며, 그 책임성은 단지 서비스 공급을 실행하는 데 한정되지 않는다. 주민들의 일상생활에 영향을 미치는 구체적인 것들을 실현하는 것이 가장 우선적인 수단이 된다,

경제적 개입 수단

지역관리기업이 신용과 확장력을 가질 수 있었던 것은 시장을 관리하고 질 좋은 서비스를 제공할 역량이 있고, 주민들의 욕구에 맞추어 서비스를 기획하는 자질을 갖추었기 때문이다. 이러한 영역이 지역관리기업이 가장 먼저 개입해야 할 영역이다. 그렇지 않으면 지역관리기업은 정체성을 상실하고, 역량이 소실되며, 효율성이 줄어드는 위험을 겪을 것이다.

지역관리기업은 자신의 독창성을 유지함으로써 지역 파트너들로부터 지역개발을 위해 기여한 점을 인정받을 것이다. 이것이 지역관리기업의 정당성의 토대가 된다.

노동통합의 과정

지역관리기업은 특정한 프로젝트를 통해 노동통합(자활지원) 과정을 제안한다. 이러한 프로젝트는 평가의 대상이 된다.

이러한 과정을 잘 완수하기 위하여 지역관리기업은 괜찮은 노동조건, 훈련 프로그램, 개인별 경력설계 지원 방안 등을 제공해야 할 것이다.

노동통합 과정은 관련 파트너 조직과의 협력하에 경제적 조건을 고려하여 수립된다.

주민들에 의해 활성화되는 삶의 공간

지역관리기업에서 주민들이 참여하는 방식은 두 가지다. 하나는 임금노동자(노동통합 대상자)로서 참여하는 것이고, 다른 하나는 지역관리기업이라는 결사체의 다양한 조직 기구의 책임감을 가지고 참여하는 것이다. 이중 두 번째 방식은 아주 의미 있는 일이다. 이것이야 말로 지역관리기업이 만들어내는 결과물은 진정 모든 주체들의 참여로 이루어졌다는 것을 보장하기 때문이다.

주민이 이 두 가지 방식으로 존재하는 것은 지역관리기업의 근간을 이룬다. 지역관리기업은 주민들과 기관들과 지자체 간의 만남의 장소로서, 거기에서는 주민들이 그들과 관련된 일에 대한 결정권을 온전히 실현할 수 있는 곳이 되어야 한다.

지역관리기업 설립과 운영을 위한 실천 안내서

지역관리기업, 사회관계를 엮다

1판1쇄 인쇄 2018년 9월 6일 　**1판1쇄 발행** 2018년 9월 13일

지은이 마르끄 하쯔펠트 　**옮긴이** 김신양 · 엄형식

펴낸이 전광철 　**펴낸곳** 협동조합 착한책가게

주소 서울시 은평구 통일로 684 1동 3C033

등록 제2015-000038호(2015년 1월 30일)

전화 02) 322-3238 　**팩스** 02) 6499-8485

이메일 bonaliber@gmail.com

ISBN 979-11-954742-4-9 03330

* 책값은 뒤표지에 있습니다.

* 잘못된 책은 구입하신 서점에서 바꾸어 드립니다.

이 도서의 국립중앙도서관 출판예정도서목록(CIP)은 서지정보유통지원시스템 홈페이지(http://seoji.nl.go.kr)와 국가자료공동목록시스템(http://www.nl.go.kr/kolisnet)에서 이용하실 수 있습니다. (CIP제어번호: CIP2018027685)